# LIBERDADE

Rosiska Darcy de Oliveira

# LIBERDADE

ANFITEATRO

*Copyright* © 2020 *by* Rosiska Darcy de Oliveira

**ANFITEATRO**
O selo de ideias e debates da Editora Rocco Ltda.

Direitos para a língua portuguesa reservados
com exclusividade para o Brasil à
EDITORA ROCCO LTDA.
Rua Evaristo da Veiga, 65 – 11º andar
Passeio Corporate – Torre 1
20031-040 – Rio de Janeiro – RJ
Tel.: (21) 3525-2000 – Fax: (21) 3525-2001
rocco@rocco.com.br
www.rocco.com.br

*Printed in Brazil*/Impresso no Brasil

Preparação de originais
PEDRO KARP VASQUEZ

CIP-Brasil. Catalogação na Publicação
Sindicato Nacional dos Editores de Livros, RJ

O51L

Oliveira, Rosiska Darcy de
    Liberdade / Rosiska Darcy de Oliveira. – 1. ed. – Rio de Janeiro: Anfiteatro, 2020.

    ISBN 978-85-69474-49-4
    ISBN 978-85-69474-50-0 (e-book)

    1. Mulheres – Condições sociais. 2. Papel social. 3. Liberdade de expressão. I. Título.

20-62871

CDD: 305.42
CDU: 316.346.2-055.2

Meri Gleice Rodrigues de Souza – Bibliotecária CRB-7/6439

O texto deste livro obedece às normas do
Acordo Ortográfico da Língua Portuguesa.

A Miguel, pela liberdade

*e daí à lembrança
que vestiu tais imagens
e é muito mais intensa
do que pôde a linguagem,*

*e afinal à presença
da realidade, prima,
que gerou a lembrança
e ainda a gera, ainda,*

*por fim à realidade,
prima, e tão violenta
que ao tentar apreendê-la
toda imagem rebenta.*

joão cabral de melo neto

# SUMÁRIO

Apresentação: O labirinto do tempo — 11

Contra o ódio — 23

O corpo: liberdades e riscos — 45

Indivíduos, sujeitos e cidadãos — 75

Estranha forma de vida — 113

Uma escola de convívio — 139

Clarice: atrás do pensamento — 165

Antígona — 183

Liberdade, essa palavra... — 203

Apresentação

# O LABIRINTO DO TEMPO

Liberdade, sim, ela mesma. "Liberdade é uma palavra que o sonho humano alimenta, não há ninguém que explique e ninguém que não entenda." É dessa liberdade cantada em verso por Cecília Meireles, o membro mais ilustre da minha família secreta, que se trata aqui.

Este livro é um testemunho de esperanças. Esse testemunho se faz ainda mais necessário e urgente quando os ataques à liberdade, no Brasil e mundo afora, se fazem evidentes. A liberdade tornou-se a mais temível inimiga de algo que se apresenta e se assume como conservadorismo e que é muito mais perigoso e nefasto do que isso. Mais do que uma onda conservadora, há uma investida obscurantista em curso em vários países do mundo, que se orgulha de sua ignorância, que apela para o que, em cada um de nós, está mais próximo da fera primitiva que os esforços de civilização cuidaram de enjaular.

Não é nova essa ciclotimia da história, quando ondas de barbárie irrompem onde se acreditava construir a civilização. Conhecido dos livros de história, esse processo quando vivido em uma biografia é doloroso e desafia a capacidade de resistência.

Este livro é um ato de resistência. Um esforço de leitura do mundo contemporâneo para além das aparências que suscitam pessimismo e desalento, uma busca das presenças da liberdade lá onde essa fênix rebelde ressuscita, no acidentado cotidiano de homens e mulheres que amam e ganham suas vidas fazendo escolhas, seguindo seus desejos, afirmando contra o conformismo do senso comum denominadores incomuns, exercendo a exigente arte de viver.

Essa onda obscurantista não brotou do nada e justifica a perplexidade que provoca. Ela é o melhor testemunho do avanço das liberdades e do medo que elas provocam. Nos últimos cinquenta anos, o avanço das ciências e da tecnologia e o movimento da sociedade criaram nos espíritos mais toscos um sentimento profundo de insegurança. A decadência das normas que geriam as relações humanas desenhando o perfil das famílias, das relações de trabalho e da sexualidade, a liberdade e o direito de escolha que ganharam corpo nas sociedades democráticas são sentidas por muitos como uma insuportável ameaça.

O movimento de mulheres se transformando nas mulheres em movimento, a eclosão e o sucesso das paradas do Orgulho Gay, as novas configurações familiares são fontes de insegurança e, como tal, ingredientes da inconformidade dos conservadores com uma mudança de era que os desloca do conforto das certezas.

Contra o absolutismo de uma Verdade única, a deles, ganha corpo na tessitura da sociedade uma pluralidade de vidas que é a essência mesma da liberdade. Quando o senso comum é questionado, quando emergem as dissidências, deixa de ser senso comum, perde a força como verdade normativa e se revela como uma ideologia entre outras. Tem que se submeter ao debate de ideias e conviver com múltiplas opções de vida.

A liberdade assusta, desperta fantasmas reprimidos e é contra o medo suscitado pela liberdade que se desencadeia a fúria obscurantista que quer impor a todos o mesmo modo de pensar, os mesmos estilos de vida, quer parar o tempo e a história, quer calar a ciência e os movimentos da sociedade, se agarra ao que há de mais atrasado no discurso religioso.

O obscurantismo é a face visível de um medo recalcado, o medo de si mesmo e do que o ameaça mais do que tudo, a liberdade do outro, dos outros, os que não têm medo de viver as vidas que querem viver.

Esse ato de coragem, a construção de cada um de sua própria vida, em consonância com seu desejo, nada contra a maré cheia do ressentimento que é o mau conselheiro de todos os obscurantistas.

Paradoxalmente o obscurantismo viceja em relação direta com a complexidade da vida, quando os caminhos se multiplicam e nos forçam a fazer escolhas. O que o obscurantismo mais teme, aquilo contra o que se insurge raivosamente, é o direito de escolha, esse outro nome da liberdade.

Nosso tempo é um tempo de incertezas, uma mudança de era em que viver exige autoria. O mundo contemporâneo é pobre em consolos e estruturas sólidas. As estruturas que nos sustentavam como verdades, as noções de família, os perfis da sexualidade, as ideologias que detinham a leitura do passado, explicavam o presente e prometiam o futuro, o monopólio do sagrado que a religião se atribuía, a relação e a comunicação entre as pessoas, tudo está sendo questionado e atravessar esse questionamento se reinventando a cada dia pede coragem e firmeza.

Não pretendo contrapor à Verdade do obscurantismo, uma outra verdade pronta e acabada. Apenas flagrar no momento mesmo em que se ensaiam o exercício da liberdade e também o seu avesso, a submissão explícita ou velada que impede esse exercício.

Tudo parece estar em questão. Do reduto mais íntimo do corpo à amplitude do meio ambiente, da célula ao espaço sideral, tudo é objeto de inovação, de descobertas que incidem sobre nosso cotidiano.

A ciência e a tecnologia mudam o mundo com muito mais força e rapidez do que as ideologias. As biociências ampliam a extensão e a qualidade de nossas vidas ao mesmo tempo que facilitam experimentações que abrem caminho à emergência do pós-humano. A Internet é uma caixa de Pandora onde o prodigioso acesso à aventura humana coexiste com as tentativas mais sórdidas de desconstruir o conhecimento e banalizar a mentira.

Este livro é uma tentativa de atravessar o mundo em que estamos vivendo com suas desconcertantes ambiguidades, aceitando a dificuldade de se situar e tendo como norma tão somente a fidelidade ao espírito libertário.

O Brasil, sabemos, já experimentou no passado e experimenta hoje tempos em que a liberdade é vista como inimiga. O ódio se entranha em nossas vidas, contamina os recônditos da intimidade de cada um, nos mergulha na mentira que desmoraliza os fatos, agride artistas e intelectuais, abomina a inteligência.

Apesar dessa peste que nos assola, o país sobrevive como uma cultura original, encarnada em uma população e uma sociedade cujo amor à liberdade se revela em sua diversidade, afeita em sua historia à obrigação de negociar diferenças e que se revela na obra de seus grandes artistas, nossos verdadeiros heróis. Que o obscurantismo nunca conseguiu calar e que cantaram e cantam esse amor com o talento e a coragem que nos fazem existir como nação.

A sociedade brasileira em suas pontas mais contemporâneas participa do debate sobre a liberdade em múltiplas dimensões. A liberdade sobre o corpo é fundadora, condição *sine qua non* de todas as outras.

Vivemos a nova história do corpo, um corpo com história em que dimensões essenciais da vida como nascer, amar, envelhecer e morrer já não são o que foram e nos desafiam a escrever em nosso próprio corpo, com nossas escolhas, uma autobiografia. Essa liberdade contém riscos e o enfrentamento desses riscos afina o debate ético de uma sociedade e se constitui em uma fronteira entre o obscurantismo e a livre escolha.

Somos indivíduos, sujeitos e cidadãos. O caminho que leva do indivíduo ao cidadão passa pela nossa constituição como sujeitos capazes de assumir responsabilidades na vida privada e no espaço público. Capazes do exercício de uma arte de viver que, em tempos de perda de referências, é obra de artistas.

Essa obra de artistas pressupõe a resistência aos estilos de vida que se instalam, imperceptíveis, trazendo consigo normas de comportamento e imposições não declaradas, porém implícitas nessas normas que permeiam nossas vidas, balizando nossa liberdade.

A leitura dos estilos de vida contemporâneos busca ver mais claro na floresta de gestos cotidianos quando a aparente banalidade dos dias e a aderência ao senso comum vão matando aos poucos as individualidades, dissolvidas numa espécie de condenação em massa à repetição de modelos pré-fabricados de sucesso, imersos que estamos, todos, em uma estranha forma de vida.

A educação que é dada na vida das escolas enfrenta hoje um diálogo acidentado com a educação selvagem que a escola da vida nos dá, uma escola que coexiste com a Internet no dia a dia de jovens e crianças. Em tempos de ciberespaço, em que jovens se aproximam mais facilmente das máquinas do que de pessoas, correndo o risco de uma servidão voluntária à tecnologia, entretendo relações rasas em detrimento da experiência profunda e exigente com pessoas reais, venho propor uma escola de convívio.

Os textos deste livro testemunham minha teimosa esperança. Tal como agulhas de acupuntura, procurei colocá-las em pontos irradiadores de impulsos de liberdade, a exemplo do caminho da criação que Clarice Lispector escolheu para a afirmação de seu gênio. Clarice construiu sua escrita escapando aos cânones, com a coragem de afirmar, "gênero não me pega mais", e graças a essa liberdade, ousando uma forma inédita no romance e na crônica, nos legou uma obra incomparável.

Ainda no campo literário, revisitei o percurso da mensagem de Antígona, a tragédia de Sófocles, joia da Antiguidade. Antígona, a nobre princesa tebana, filha selvagem do rei Édipo que, face à lei do rei e dos homens, afirmou o amor contra o ódio e defendeu sua liberdade como um absoluto.

A liberdade de Antígona encontrou eco ao longo da história humana sempre que alguém se quis livre diante da força do mais forte, até os nossos dias quando as mulheres se revoltaram e passaram a falar com voz própria, em primeira pessoa, desafiando uma ordem que as humilhava e descrevia como ausentes.

É a persistência do desejo de liberdade que, como um instinto, parece inscrito, indelével, no destino humano e encontra, de tempos em tempos, as encarnações capazes de vocalizá-lo.

Clarice e Antígona, uma autora e um personagem, são também membros da minha família secreta, cujo sangue invisível me corre nas veias.

"Liberdade, essa palavra...", assim intitulei o capítulo que fecha este livro, uma síntese do discurso que pronunciei ao tomar posse na cadeira 10 da Academia Brasileira de Letras. Nele reuni o conjunto de minhas convicções, construídas ao longo da vida nos meus caminhos e abismos, em liberdade, pagando os preços que tive que pagar e que foram, e são, a minha maneira de exercer a difícil, às vezes dolorosa, sempre exaltante arte de viver.

* * * * *

Pus o ponto final nesta apresentação em 31 de dezembro de 2019. Último dia de uma década de imensas transformações e de um ano de trevas e ameaças no Brasil e em tantas outras partes do mundo.

Em volta de mim, nesse dia, ventava muito. Lembrei-me então do vento em Delfos que zunia enquanto eu pensava como é antigo e aflito o desejo de adivinhar o futuro. Deve ter sido esse barulho do vento que parecia uma voz contando ao Oráculo o que ninguém ainda sabia que levava os poderosos de então a buscar conselho de quem podia prever o amanhã. Tantos erros, tantas guerras, quem sabe levadas pelo errático conselho dos ventos. Fiz essas anotações no meu diário de bordo na primeira viagem que fiz à Grécia.

O desvalimento humano, a angústia diante da incerteza atravessaram os séculos, tão doloridos que, em todos os cantos da terra, uma bola de cristal ou uma simples vidente de subúrbio trazem um parco alívio a quem se pergunta o que vem por aí. Diante do absurdo da morte muitos se amparam na promessa da vida eterna.

O que será de nós, questão fatal nesse limiar do Ano Novo e uma nova década, perguntam-se os brasileiros, jogando flores brancas ao capricho das ondas, esperando uma resposta amiga da Rainha do Mar.

A incerteza fez-se a regra do mundo, o princípio que rege todas as coisas e conviver com ela é o verdadeiro purgatório contemporâneo, sem que nenhum céu mais adiante seja de fato garantido, abandonados que somos ao jogo incerto do acaso e da necessidade. O destino se cumpre na medida em que se escreve, afirma um dos meus autores preferidos, o prêmio Nobel de medicina Jacques Monod.

O futuro não é uma história pronta que um vidente vai buscar em algum lugar secreto ou que o vento sussurra. O futuro não está em lugar nenhum, ele não existe senão como expectativa presente. O futuro não está escrito senão na ilusão de jogadores que multiplicam apostas, ele é uma página em branco onde um autor imaginativo pode, a qualquer momento, escrever o improvável. O jogo mais desafiante e paradoxal é o cálculo das improbabilidades. Nada nos resta pois senão, a cada dia, fazer escolhas assumindo a autoria de nossos destinos. Não há que temer as encruzilhadas de um labirinto. Elas não são a certeza de um beco sem saída, são a oportunidade de fazer a boa escolha. O tempo é um labirinto incerto em que os caminhos se bifurcam.

É pelas frestas da incerteza que se infiltra a esperança. A esperança não é um sentimento abstrato, uma prece passiva a um Deus silencioso e opaco. Se fosse, seria paralisante. Tampouco tem a ver com otimismo ou pessimismo. Estes estão mais próximos das certezas, do sim ou do não.

A esperança vive na terra de ninguém da incerteza onde habita o improvável. A esperança tem vida própria e nos expulsa das cavidades da memória onde se escondem fundadas decepções. É ela que, quando um cansaço imenso busca o testemunho das desilusões, vira as costas e anuncia que viaja nua para o futuro. Afirma que os otimistas podem se enganar e que os pessimistas já se enganam no ponto de partida. Antes de partir, alerta: "Tenho uma boa notícia." E é ela que todos querem ouvir. A esperança, a senhora do amanhecer.

A esperança é arquiteta de destinos, é recusa de aceitar o mal como inexorável vitorioso, é teimosa e insolente. Não faz previsões otimistas ou pessimistas, constrói realidades, faz acontecer. A desesperança, sua irmã gêmea, também é construtora de realidades. Ao reverso. É cúmplice do inimigo, antecipa a derrota.

Projetar o presente no futuro é um equívoco que congela o tempo e ignora o legado do passado. Já vivemos dias piores, anos de chumbo e sombra. De lá para cá refundamos a democracia.

Temos hoje fortes razões para tristeza e desalento. Caímos em um pesadelo histórico. Não deixamos por isso de ser mais de 200 milhões de habitantes, vivendo em um imenso território, donos de bens naturais inestimáveis como a Amazônia e bacias hidrográficas de dar inveja a um mundo assombrado pela carência de água e de ar puro. Uma cultura em que desaguaram três cosmogonias tão estranhas uma a outra, que há quinhentos anos negociam essas contradições com um sentimento de incompletude, buscando uns nos outros o que não somos e nos reconhecendo nessa gente original que nos tornamos, sedimentada por séculos de miscigenação, cuja identidade é um paradoxo, diversidade que se fez identidade e que conhece bem "a dor e a delícia de ser o que é".

É essa cultura que nos une, esse país que nos irmana e essa identidade que nos salva. Que o ódio não abra suas asas mórbidas sobre nós. Que justiça seja feita reparando o mal que nos foi feito. Que todos os deuses do Brasil nos ajudem a preservar essa "estranha mania de ter fé na vida" e a construir o país tão sonhado a que não renunciamos.

# CONTRA O ÓDIO

# CONTRA O ÓDIO

A palavra crise assombra o Brasil. Está em todas as bocas, nos sentimentos de incerteza, desalento e desesperança que nos afligem. Está em tantos fatos diversos e inesperados que não encontram uma definição clara.

Os consultórios de psicanálise são frequentemente solicitados por situações de crise individual. Crise, nos indivíduos, é aquele momento em que alguém não pode mais ser quem era, ainda não pode ser outra pessoa e não pode, salvo morto ou delirante, deixar de ser. Habita então uma terra de ninguém em que não se tem outra escolha senão dar à luz um novo eu, construído com o que nos é dado viver naquele momento.

Quem não conheceu em sua própria trajetória um momento assim? Celebra-se depois de uma dura travessia o encontro com um eu mais verdadeiro, mais sólido, erguido sobre os escombros de falsas ilusões.

A matriz da crise que atinge a sociedade brasileira no plano coletivo se assemelha à matriz da crise individual. Perda de identidade, esfarelamento das ilusões e esperanças nutridas ao longo de anos em projetos, partidos, ideologias, na certeza de sermos uma grande economia emergente, enfim o país do futuro que estaria chegando ao seu destino.

Nossos mitos estão sendo duramente confrontados à verdade: uma nação que nos últimos anos vive uma tragédia política, invadido por uma corrupção metastática, à beira da falência moral, invadido por um autoritarismo ignorante e regressivo que planta suas raízes no desencanto. Um país sustentado a duras penas por uma democracia que se eviscera para sobreviver.

O encontro com a verdade não pode ser senão doloroso. Hoje ainda habitamos uma terra de ninguém. É assim toda travessia. Não somos mais o que éramos antes, mas não somos ainda o que queremos ser.

Tristeza, vergonha, depressão são estados negativos que contêm em si mesmos os germens de uma mudança positiva. São passagens estreitas, incontornáveis na travessia da impostura para a realidade. Cair na real cobra o preço da angústia pelo que está por vir.

Expostos à deriva autoritária, mas com uma sociedade resiliente na defesa de liberdades e direitos, estamos enfrentando a devastação do passado e o desmoronamento das vãs promessas sobre o futuro.

É preciso cuidado para que a voz da depressão não comece a nos autodescrever como um inferno que não somos. Tampouco somos um paraíso, já que o paraíso há muito desertou as metrópoles do mundo. Assim como em crises individuais mobilizamos recursos que não pensávamos ter, no plano coletivo também dispomos de recursos insuspeitados que saberemos mobilizar.

O nosso verdadeiro desafio é pôr de pé um país que faça sentido para todos. Fazer sentido é de fato um fazer, o sentido não está dado.

## A democracia no cotidiano

O tempo não corrói apenas os rostos e os mármores. Corrói ideias e o significado das palavras que já não exprimem as realidades mutantes, deixando os conceitos tontos, à procura de si mesmos. Assim é com a nossa democracia.

Nenhum sistema se regenera usando os mesmos recursos e soluções que o fizeram degenerar.

Ora, os desmandos da Praça dos Três Poderes não são o único indicador da democracia. Não há que passar ao largo de onde a sociedade fervilha, onde o novo rompe o teto do anacrônico, mesmo se a temporalidade dessas mudanças não é a mesma dos jornais.

Há uma mudança de era da qual o Brasil é contemporâneo. Em uma mudança de era, o que resiste a ela coagula, são formações reativas, agonizantes, que se tornam mais visíveis porque se debatem para sobreviver.

O novo custa a raiar. A simbologia a que nos habituamos nos faz reconhecer como política o que já é conhecido. O Palácio do Planalto está lá, símbolo do poder, como todos os palácios, supostamente para durar para sempre.

Os canais por onde fluem, na sociedade, novas ações e poderes têm uma legitimidade que provém do que fazem e dos impactos que provocam. A lei da Ficha Limpa e a lei Maria da Penha são iniciativas da sociedade que romperam a barreira do atraso. São insurgências que apontam o caminho do futuro.

Há fermentação nas cidades. Os grandes centros urbanos e seus impasses — transportes precários, insegurança face à violência —, tudo que envenena o cotidiano integra agora o rol das amarguras ao mesmo título que as escolas que não ensinam e os hospitais que não atendem aos que mais precisam.

As grandes cidades são sistemas em colapso, fábricas de estresse e frustração. A maioria dos brasileiros vive nessas metrópoles infelizes e ásperas, espetando-se em suas arestas.

A sociedade brasileira, com a complexidade de um universo de duzentos milhões, vivendo com alto grau de desigualdade e mobilidade social, em plena cibercultura, retribui à altura o desprezo que os políticos têm por ela.

O que está em tela de juízo é a democracia que não sabemos mais como chamar já que representativa há muito deixou de ser. Reinventá-la é preciso.

O que pressupõe superar o divórcio litigioso entre o mundo autista da política e a vida real da população.

Os ativos para a reconstrução do Brasil têm que ser buscados em outros espaços, atores e instituições. Preservar a democracia e encarná-la na sociedade é a ideia fundadora da reconstrução do país.

"O Brasil é isso aí", dizem os pessimistas que se pretendem realistas.

Personagens grotescos que, com discursos impostores, se sucedem para votar no plenário do Congresso Nacional, pessoas bizarras que desfilam embrulhadas em bandeiras, invocando, em vão, o nome de Deus, pátria e família, foram, sim, eleitas pela sociedade brasileira.

Contrariando as aparências, o Brasil não é isso aí. Se fosse, não haveria o estranhamento e a indignação da população que não se reconhece em seus representantes.

Se o sistema político está em estado terminal, a sociedade não. Margaret Thatcher não acreditava que existisse essa coisa chamada sociedade.

Esquecia que Gandhi, fragílimo e desarmado, expulsou o Império Britânico da Índia apoiado nessa coisa que ela achava que não existia. Gandhi dizia que "uma árvore que cai faz muito barulho, uma floresta que germina não se escuta". Uma frase oportuna para pensar o Brasil.

Só ouvimos o barulho espetacular da queda em desgraça dos velhos partidos enquanto uma nova sociedade germina. Esse barulho de árvores mortas que tombam torna inaudível a germinação silenciosa de uma liberdade de pensamento e capacidade de ação que foi penetrando na sociedade.

Germina uma democracia do cotidiano, vivida em profundidade por cada um, onde o que comanda é a liberdade de escolha, o direito de decidir sobre a sua própria vida. Famílias, religiosas ou não, se dão novas configurações ao sabor da verdade amorosa. Cientistas vão ao Supremo pelo direito de pesquisar livremente longe das censuras religiosas e obtêm ganho de causa.

Trabalhadores, mesmo os mais humildes, conhecem seus direitos e sabem como reivindicá-los. Gananciosos planos de saúde temem a defesa do consumidor. Bandidos temem o Disque Denúncia.

Mulheres aprenderam nos embates duríssimos da vida real que seus corpos lhes pertencem. A queda dos índices de fertilidade é o dado gritante que traduz a decisão de milhões de mulheres que, em silêncio, na ausência de planejamento familiar, contra tudo e contra todos, exerceram sua liberdade de escolha. Assim como quebraram, nas ruas, na mídia e nos tribunais, o silencio sobre a violência que sempre as vitimou. O feminicídio, o crime bárbaro de vingança contra a existência livre das mulheres, não pode mais se esconder sob o vergonhoso conceito de defesa da honra.

Negros decidiram que não serão mais humilhados nem excluídos em um país que carregaram nas costas. Agem e defendem-se em consequência. Gays, contra o ódio insano, insistiram no direito de livremente amar e conquistaram o direito a união civil de pessoas do mesmo sexo.

Artistas, os primeiros a serem perseguidos nos regimes autoritários que identificam na liberdade da arte seu maior inimigo, continuam criando uma cultura original e provocativa que, talvez por ter sido antropofágica, se fez ao mesmo tempo global e inconfundível.

Estas ações transformam a realidade do país e vertebram a democracia. O fundamento da democracia contemporânea não é o Estado, é o cidadão. O buraco negro da política não suga toda a energia do país. Novos modos de ser, de pensar, de se relacionar, de sonhar e de agir preenchem, por baixo, a política que se esvazia por cima.

As opiniões sobre questões morais se formam, cada vez mais, em círculos de confiança, exprimindo uma subjetividade trabalhada e sofrida, insubmissa às palavras de ordem de partidos ou dogmas religiosos. Esse exercício de liberdade em que a sociedade se autotransforma extravasa da lógica partidária que tudo submete à luta pelo poder a qualquer preço ou das igrejas que submetem a espessura da vida real ao fogo dos infernos.

É nos fios cruzados dos círculos de confiança, da capilaridade das redes sociais e da mídia livre e omnipresente que circulam os argumentos e as deliberações. A sociedade cria o espaço em que ela mesma vai se expandindo.

Repito, é no cotidiano das pessoas que a democracia se encarna.

A cicatriz que desfigura a democracia é o abismo entre um tecido vivo, a sociedade, e uma estrutura morta, o sistema político-partidário. A ciência política, com os olhos postos no passado, passa ao largo da metamorfose em curso. Einstein dizia que a teoria só encontra o que procura. O que não procura não vê.

As sociedades vão se gerando a si mesmas e ao se transformar interrogam o Estado, questionam as leis que já não dão forma à realidade. O movimento contrário, o do Estado querendo dar forma à sociedade, ditar-lhe os comportamentos supostamente corretos, controlar os dissidentes a golpes de obediência religiosa, esse é bem nosso conhecido e dele há que fugir como o diabo da cruz. Literalmente.

## O ódio, o medo e a mentira

Generalização da corrupção, banalização da violência, presença constante da desigualdade são ameaças que pesam sobre a nossa sociedade. E, a maior delas e mais recente, o autoritarismo que abomina a democracia.

A reconstrução do Brasil passa pelo refazimento de seu tecido social, dos comportamentos, da maneira de conviver e de respeitarmo-nos uns aos outros.

Convivemos com a violência sem perceber que, pouco a pouco, o que era minoritário propaga-se, penetra nas relações, faz-se natural, vira um modo de ser e de se comportar.

Um fenômeno contemporâneo exemplar dessa deriva comportamental é o embrutecimento da linguagem. A violência verbal que vem se banalizando contamina o contato entre as pessoas, gerando violência física e psicológica.

Uma experiência pessoal me abriu os olhos para a gravidade desse fenômeno. Escrevo uma coluna no jornal *O Globo* há muitos anos. Ao longo desses anos recebi uma infinidade de mensagens, algumas de elogios, outras de críticas. Nunca tinha sido insultada. Respondi a cada uma delas.

Recentemente tenho sido insultada por apoiadores de políticos que critico. Recebi um longo e-mail, praticamente sem conteúdo, apenas com insultos em baixo calão e ameaças à minha pessoa e à minha segurança. No dia seguinte, recebi um segundo e-mail, bem mais curto, composto de apenas três parágrafos do e-mail da véspera. Não tinham sido escritos por ninguém embora fossem assinados com nomes diferentes. Eram textos de robôs se fazendo passar por seres humanos.

Esses robôs foram, é claro, programados por alguém para distribuir insultos. Como eles não sentem nada, como qualquer máquina ou artefato, não podem sentir empatia ou antipatia por um ser humano, podem apenas estar programados para simular sentimentos e emoções que são totalmente incapazes de sentir. Como não existem podem se permitir dizer qualquer coisa sem que eu possa me defender. Deletei-os, mas fiquei sabendo que existem e agem, mesmo não sendo humanos.

Este é um pequeno exemplo de um fenômeno muito mais amplo e ameaçador. O espaço público está crescentemente sendo absorvido pelo espaço comunicacional na medida em que governantes governam pelo Twitter e o debate político ganha sua mais alta voltagem na Internet.

A corrupção da linguagem e sua transformação em arma de agressão são os sintomas mais gritantes da modelagem comportamental do mundo real pelo mundo virtual e vice-versa, um processo perverso em que as agressões virtuais e o autoritarismo real se retroalimentam.

O anonimato e a impunidade vigoram no campo virtual. Nas redes sociais a agressividade, a fala que insulta acirram conflitos e propagam o ódio.

Sem autoria, sem responsabilidade pelo que se diz e de quem diz, a linguagem se faz um campo selvagem onde brotam crimes, aberrações, infâmias e covardias.

A brutalidade na linguagem, fenômeno que aflige o Brasil como tantos outros países do Ocidente, é contemporâneo da ascensão de governos autoritários que se esmeram no culto às soluções violentas de problemas sociais, na destruição do adversário como inimigo, no descrédito de pessoas e instituições adjetivadas com palavras de desprezo, no estímulo aos conflitos e às radicalizações que opõem setores da sociedade seja em torno de posições políticas seja em torno de opções existenciais, convicções religiosas ou morais.

Para cada uma dessas situações o arsenal de palavras ofensivas é o ingrediente indispensável, a arma privilegiada.

Esses governos nasceram da frustração de massas que têm medo das mudanças de um mundo em que já não se reconhecem, ódio aos que lhe são dissemelhantes e ressentimento diante dos próprios fracassos que atribuem aos outros. Seus alvos são extremamente variados, mas têm um traço comum: são o que não se parecem com eles.

Mulheres em movimento, negros que não aceitam mais a submissão, indígenas, cientistas, jornalistas, artistas.

Tudo que mais gostariam é que cada pessoa agredida reagisse com a mesma violência e brutalidade com que foi atacada. Ora, cair nesta esparrela é nivelar-se, juntar-se aos agressores na vala comum, no charco da violência. A resposta de cada um é manter sua dignidade, sua integridade. O que provavelmente mais os exasperará e fará redobrar de brutalidade. Pouco importa, o que importa para cada um de nós é manter nossa própria dignidade.

Mas a postura individual de integridade não basta como resposta. É o ponto de partida, não o de chegada. As agressões não são atos isolados, fazem parte de uma mesma e deliberada estratégia de agressão à democracia, ao convívio civilizado e como tal deve ser denunciada e combatida.

Tempos de ansiedade e incerteza como os que vivemos geram medo e intolerância. Daí a sedução por uma impossível volta a um passado idealizado em que supostamente tudo era harmonia.

O desafio que temos todos que queremos preservar a liberdade é de como reconstruir, passo a passo, gesto a gesto, uma ação coletiva de afirmação da civilidade e de defesa da democracia.

As ideias têm prazo de validade. Nos anos 1960 os astronautas buscavam vida em outros planetas. Meio século depois é aqui mesmo que se descobre um outro tipo de vida: a incorpórea população que habita o ciberespaço, uma população a que todos os jovens pertencem e mais a ela do que a qualquer outra. Nas palavras do filósofo Michel Serres, a Internet é um espaço sem espessura e um tempo sem espera.

No tempo de uma geração, a tecnologia produziu uma mutação cultural. A vida virtual teceu com a vida real um tecido original que envolve nossa relação à informação e aos outros. O mundo virtual tornou-se parte da vida real e já não é possível separá-los ou estabelecer, entre eles, uma hierarquia. A vida de cada um gira cada vez mais em torno de duas pequenas telas: o computador e o celular.

Essa população que se delicia no anonimato se quer também inimputável, sem lei, sem superego, sem tabu. A crescente e feroz agressividade nas redes sociais, facilitada pelo anonimato das múltiplas identidades, mostra que elas foram contaminadas pela radicalização política.

A radicalização é um vírus perigoso, o ódio é contagioso, se propaga e se retroalimenta. Nas redes a comunicação anônima incita à violência e dispensa a ética. A verdade não é o fato, é o que serve para destruir o adversário.

Como é da natureza da Internet ser um potente amplificador, o ódio político que caiu na rede fez-se epidêmico. Nos choques de opinião a própria opinião por vezes se perde. Sobram cacos de insultos, muito lixo de calúnias, destroços de um estilo Blackblok virtual.

O ódio e o medo são as mais sombrias emoções humanas. Quando a mentira as alimenta e elas passam a ditar opiniões e comportamentos a democracia se torna vulnerável. A polarização da sociedade entre posições extremas criou um ambiente em que se torna difícil alguém formar sua opinião ou mudá-la com base em fatos e argumentos. Em uma sociedade polarizada, uns e outros só tomam como verdade o que confirma sua certeza e desqualificam como mentira tudo que pode vir a questioná-la.

De onde vem e até onde irá a agressividade selvagem e anônima, e, porque anônima, impune, que campeia nas redes sociais? Seguir o dinheiro costuma ser uma boa pista.

O marketing foi indissociável da expansão da sociedade de consumo. Pepsi ou Coca-Cola, os bruxos da publicidade não visavam, a seu tempo, a outra coisa senão canalizar as escolhas dos consumidores na direção desejada. Ninguém esqueceu que um sabão em pó lavava mais branco do que os outros.

Aplicado à política, o marketing transformou-se hoje numa arma poderosa de manipulação de eleitores, que passaram a consumir políticos como sabão em pó. O custo das campanhas eleitorais subiu a cifras astronômicas e o dinheiro sujo para pagá-las passou a circular em caixas um ou dois. Em caixas-pretas e carros-fortes. Este foi o primeiro infarto da liberdade de escolha, vítima da manipulação de consciências. Outros viriam.

As redes sociais, quando surgiram, foram louvadas como territórios liberados. Antes receptores passivos de informações, agora cada um podia se comunicar com muitos, multiplicavam-se as plataformas de discussão e acesso a notícias.

Esta visão idílica das redes teve vida curta. Big data entrou no vocabulário econômico e político. Mark Zuckerberg, inventor do Facebook, tinha o melhor produto do mundo a oferecer: informações privadas que desenham o perfil mais íntimo de cada um de nós, sob medida para induzir a compra de um livro numa livraria virtual ou um voto para a presidência da República.

O próximo passo foi a utilização sub-reptícia de *bots* e *trolls*, robôs e agentes provocadores não humanos, que, disfarçados de cidadãos de carne e osso, simulam conversas, semeiam a mentira e a discórdia, instaurando um clima de guerra.

O sinal vermelho sobre a gravidade desta deriva se acendeu com a denúncia de casos de distribuição intencional de informações falsas, diluindo as fronteiras entre a verdade e a mentira.

Estudo sobre mídias sociais e riscos para a democracia, patrocinado por Pierre Omidyar, fundador do eBay, revelou que grandes redes como Twitter e YouTube estão expostas à ação clandestina de líderes autoritários, interessados em apoiar candidatos extremistas, difundir a intolerância e incitar à violência.

As *fake news* são urdidas num submundo obscuro e opaco, mas o seu impacto devastador se dá no mundo real. Os princípios da democracia e as regras do direito não têm vigência nestas dobras do mundo virtual. O anonimato nas redes torna ainda mais espinhosa a tarefa de identificar e punir os responsáveis por esses crimes.

Demagogos e populistas estão se servindo desses instrumentos para alavancar sua agenda regressiva. Essa deriva viola a integridade do processo eleitoral e representa uma ameaça à democracia em países tão díspares quanto Estados Unidos, Reino Unido, Itália, Hungria e Brasil. Quantas manipulações terão passado despercebidas? Quantas mais virão?

O primeiro momento no enfrentamento de um problema é reconhecê-lo como tal. A busca de mecanismos que assegurem a lisura das campanhas eleitorais se dará no fio da navalha entre a defesa da informação responsável e a sombra ameaçadora da censura.

Da União Europeia vem um princípio norteador: "Notícia falsa é ruim, mas um Ministério da Verdade é pior." Não estamos no temido *1984*, distopia imaginada por George Orwell. Uma única fonte de verdade será sempre uma grande mentira. Não se protege nem se fortalece a democracia destruindo seus fundamentos.

A Internet é o grande enigma contemporâneo. Há que decifrá-lo antes que essa Esfinge nos devore. Afinal, se com determinação e tecnologia estancou-se a lavagem de dinheiro, por que não seria possível coibir a lavagem cerebral?

Os brasileiros não podem admitir que prevaleça entre nós, filha das frustrações, uma vida sem espessura, sem promessa, sem projeto que gere um imenso vácuo psicológico, esse vácuo em que boiam os fantasmas agressivos.

O ódio do outro transformado em uma não pessoa, passível de ser aniquilada pelo simples gosto de uma desforra contra um inimigo sem rosto que, por não ter rosto, está em toda parte e pode ser qualquer um.

## A cultura, maior ativo do Brasil

Esse inventário de ameaças que pode ser desesperador tem que ser contrabalançado pelas nossas defesas, a principal delas a matéria de que é feito o Brasil, a sua cultura.

O Brasil é uma nação extraordinária, feita de vários países que cantam na mesma língua o mesmo hino, um vitral de culturas, ferido por desigualdades escandalosas. Analfabetos e grandes cientistas, múltiplas crenças e ritos, mas sempre a fé, mesmo no ateísmo, empresas hipermodernas e esgoto a céu aberto, capaz de produzir células-tronco e campeão em filas nos hospitais.

Dessa matéria múltipla, contraditória, informe e trágica somos feitos. Convenhamos, medíocres não somos. Nossa imensa complexidade é a garantia de que os males de hoje, obra de homens, esses sim, medíocres, por mais dramáticos que nos pareçam, não irão destruir o que muitos séculos construíram em cores vivas, uma cultura orgulhosa de si mesma, que resume a nossa história, nossas memórias, nossa identidade, nosso futuro.

O maior ativo do Brasil é a sua cultura. É nela que germina o que temos de melhor, a criatividade de um povo que há anos se prova em engenhosas estratégias de sobrevivência, nas manifestações plurais de uma arte colorida e nos afetos, na sensualidade em que se misturaram todos os matizes de pele.

Microcosmo do mundo, a civilização brasileira tem a oferecer a um mundo dilacerado pela imigração e incapaz de gerir diferenças o exemplo de que a mistura de peles e as religiões que coexistem ainda é a melhor receita para a paz. O país está pedindo uma nova aquarela do Brasil que abra a cortina do futuro, passando em revista tudo de que possamos nos orgulhar, o que temos vontade de cantar e defender. Seguindo o conselho de Gilberto Gil, "louvando o que bem merece, deixo o que é ruim de lado".

Tomara que consigamos, no meio do turbilhão que estamos atravessando, guardar a confiança em nossos fundamentos culturais. Esse é o nosso bem mais precioso, o que ninguém pode roubar ou calar.

A sociedade de mercado atribui um preço a todas as coisas e torna invisível o que não anuncia seu preço. Há uma ótica que só enfoca o Brasil pelo ângulo do sucesso ou fracasso da política econômica. Ou da política partidária. Assim como a força da sociedade não é percebida como um fator decisivo na reconstrução do país, também a cultura, que vive em nós, insopitável, como se fora um plasma genético, nem sempre é percebida como um ativo precioso.

O Brasil mestiço que, ainda marcado pelas sequelas da abominável escravidão, com todas as suas abissais injustiças, tenta corrigir-se e não perde o orgulho de sua diversidade, foi a nossa escola de convívio com a diferença. Mestiço não só na pele, também nas origens, nas culturas que atravessaram os mares para aqui se tornarem brasileiros.

Esse brasileiro que se reconhece nas canções de Chico Buarque, na voz de Maria Bethânia, na alegria de viver, nos carnavais, nas multidões de todas as raças e religiões, todos de branco, fazendo à Rainha do Mar o primeiro pedido do Ano Novo. No barroco segundo Bia Lessa. No cravo e canela de Jorge Amado e Gabriela.

No olhar que Sebastião Salgado pousa sobre a imensidão e o mistério silencioso da Amazônia, esse olhar que ouve o lamento das civilizações perdidas que se escondem na mata para chorar. Na nossa loucura posta em cena na Avenida pelo maluco beleza Joãozinho Beija-Flor.

Houve uma noite, anos atrás, em que o Brasil teve que contar ao mundo quem ele é. Noite de abertura dos Jogos Olímpicos no Rio de Janeiro. Contou assim: Foi desde sempre o mar. Foi esse mar que desde sempre acaricia as costas do Brasil, foi esse mar que invadiu o gramado do Maracanã para inaugurar uma noite esplendorosa.

Nessa noite o povo brasileiro tinha um encontro marcado consigo mesmo.

Na véspera, Lars Grael carregou a tocha sem muletas, o que lhe custou um trabalho de meses. Ivo Pitanguy, algumas horas antes de morrer, quis emprestar à tocha a energia benfazeja de suas mãos de escultor. Zagallo também, ambos idosos e doentes.

No dia seguinte, Gilberto Gil saindo do hospital, convalescente, subiu ao palco e cantou para bilhões de espectadores. Gisele Bündchen, uma deusa dourada, pisou com passo firme e leve a mais longa e difícil passarela de sua vida e depois contou que até então, em sua carreira, quem desfilava era apenas ela, mas ali não, ela era todos nós. E que pedira aos céus proteção para não cair.

Todos que estiveram em cena foram, ali, o Brasil. Paulinho da Viola, outro deus, esse mulato, da Portela, abriu alas para o Brasil passar cantando o hino que será para sempre o verdadeiro balanço da nação brasileira.

Esse o milagre dessa noite encantada: o nós que emergiu da emoção coletiva, no reconhecer-se nos mesmos símbolos e na mesma história, nas mesmas músicas e poemas, nos mesmos ritmos, na voz inconfundível de Fernanda Montenegro, no "País tropical" do Benjor, na *Construção* de Chico, nas *Bachianas* do maestro Villa-Lobos.

No gramado do Maracanã submerso por um mar de cores e ritmos, da bateria das escolas de samba emergiu a multiplicidade de que somos feitos, a fraternidade de que somos capazes, a alegria que vem deus sabe de onde, o muito que sonhamos para nós mesmos e que estamos longe de realizar, mas que existe na cultura como desejo e persiste como horizonte.

Foi essa criatividade, essa arte, que espelhou a cultura brasileira e refundou uma autoestima que andava perdida em um povo desencontrado. Foi pela linguagem da arte e da beleza que os brasileiros, por uma noite, voltaram a cantar em coro o orgulho de si mesmos, se fizeram escutar e o resto do mundo ecoou.

Nós que não somos uma potência econômica, que não somos uma potência militar, nossa força, maior, é justamente a cultura. Disso sabem os artistas e sabe o povo que é o verdadeiro protagonista dessa história.

Naquela noite o Brasil foi essa terra muito antiga, onde vive essa gente original, sedimentada por séculos de miscigenação, cuja identidade é um paradoxo — diversidade que se fez identidade, o que é tão difícil para outros povos — que se gerou a si mesma e se está gerando, ainda, e que conhece bem "a dor e a delícia de ser o que é". O que vivemos não foi o sonho de uma noite encantada que logo ali adiante vai desfalecer na aspereza de um pesadelo.

Foi um reencontro com o melhor de nós mesmos, uma lembrança de para onde devemos olhar quando o pessimismo e a baixa estima voltarem a nos afligir ou quando acreditarmos que podemos ser inimigos. Não somos. Somos um povo que enfrenta divergências e mágoas, problemas bem mais solúveis do que os que desafiam hoje outros povos da Terra. É essa cultura, esse país que nos irmana.

Esperemos que a peste da intolerância, a ignorância dos brutos e a maldade dos perversos não destrua essa riqueza cultural. Que valorizemos a capacidade de aceitar as diferenças que são a marca de nossa cultura. Que da democracia se guarde o essencial, o dever de ter opinião e o direito de externá-la livremente. E a obrigação de respeitarmo-nos uns aos outros por mais que as opiniões divirjam.

### O viés pela esperança

A esperança não é um sentimento piegas e infundado que se alimenta de ilusões. A esperança sabe escolher na aspereza da realidade para onde olhar, como respirar, sabe identificar os pontos onde apoiar as alavancas do futuro. Ela é o motor da resiliência, o combustível dos projetos.

Assim é o Brasil, muito maior que os hóspedes transitórios do Palácio da Alvorada, a despeito de quem o ocupe, por mais indesejáveis que eles sejam. Uma gente que sabe que é melhor ser alegre que ser triste e que a alegria é a melhor coisa que existe.

A democracia que temos é uma construção de gerações. Não se fez da noite para o dia, nem de cima para baixo. Não se destrói por decreto. Combater o que a ameaça é urgente. Não aceitar que ninguém nos divida como inimigos.

A complexidade de um país como o nosso não se reduz a um primário "nós contra eles".

Essa polarização estéril deforma a imagem do Brasil como um espelho de circo.

Desconfio que os valentões que ofendem mulheres, odeiam gays, desprezam negros, atacam jornalistas, professores e artistas, fantasmam comunistas e globalistas que só existem em seus delírios são, no fundo, pessoas que têm muito medo. Medo de si mesmos.

São tão mais empedernidos em suas convicções quanto maior é o medo de tudo que possa, por qualquer caminho, da sexualidade às ideias, abalar sua frágil segurança. Seguem cegamente um chefe para não ter que se construir em tempos de mudança e incerteza, quando as convicções em que se apegam como náufragos são boias murchas que mal se sustentam. São truculentos porque têm medo de exercer a inefável arte de viver.

É tão mais fácil colocar uma etiqueta única na imensa diversidade de que é feito o povo brasileiro e alimentar o medo do outro. Mais fácil destruir do que construir, insultar do que argumentar, semear o conflito que buscar o consenso. Aquecer-se entre adeptos radicais do que governar para todos.

Não somos nem queremos ser um país destroçado, tanta violência no ar, o medo ditando gestos, a mentira campeando solta, o ódio na ponta da língua, afiado como a loucura na ponta da faca.

Uma nação não é um aglomerado de pessoas. É uma comunidade de destino que, quando lastreada na liberdade, rejeita o ódio como regra de convivência.

A diversidade é constitutiva da sociedade brasileira. Inscrita nos matizes da pele, na sexualidade, nas múltiplas formas de religiosidade e de configurações familiares.

No centro das causas contemporâneas está a preocupação com o cotidiano, a qualidade de vida que afeta a todos e as relações humanas que não são de direita ou de esquerda, são de respeito ou de violência.

Nosso futuro comum depende da preservação das liberdades, o ar que respiramos. O ódio, o medo e a mentira não são a língua de nossa cultura.

Assumo plenamente meu viés pela esperança. Como dizia meu amigo e mestre arlequinal Darcy Ribeiro, havemos de amanhecer.

# O CORPO:
# LIBERDADES E RISCOS

Quem vive o duvidoso privilégio de presenciar uma mudança de era convive com sobressaltos da história humana, sem se dar conta da importância que eles revestem. O cotidiano incorpora essas transformações em pequenas doses diárias até que o efeito se faça sentir, devastador. Só então se torna perceptível que os destinos individuais, da sociedade e da espécie, entrelaçados, estão em jogo ao sabor de progressos científicos e escolhas humanas.

Com mais força do que os movimentos sociais e a política, a ciência e a tecnologia, no mundo de hoje, estão transformando os estilos de vida e os costumes. As possibilidades que elas oferecem interrogam a consciência individual e a moral social, abrem o leque das identidades e apontam para o inédito nas relações humanas. Assim tem sido com os impactos da ciência e da tecnologia no nosso corpo, seus desdobramentos na vida de cada um, no desenho das sociedades, nos caminhos e descaminhos da espécie.

O corpo habitado por uma vida é a identidade de cada um como indivíduo e, contentes ou não com o nosso corpo, ele é nossa morada e prisão. Ou nosso desafio de liberdade. Ninguém foge da inexorabilidade do próprio corpo e o desconsolo que o encontro com a morte provoca está na origem da religiosidade que aspira a uma extensão da existência ainda que etérea. Mas o corpo se encerra ali. Ele é a prisão onde nosso espírito, ainda lúcido, habita tudo o mais que, em nós, degenera.

O imperador Adriano, em suas memórias recriadas por Marguerite Yourcenar, chora a traição desse nosso melhor amigo, o que nos deu os maiores prazeres e que conhecemos melhor do que nossa própria alma e que, no entanto, é um monstro dissimulado que vai, um dia, nos trair. Sim, nosso melhor amigo nos trairá. E estamos condenados a continuar a amá-lo.

A traição é uma experiência incontornável na vida humana. Impõe a humildade ao mais arrogante dos homens em cujo corpo, enquanto a vida vive, a morte trabalha. As dores que o corpo nos impõe nos afastam dele. Queremos fugir, mas para onde? Fora dele, desta casca única e insubstituível, o nada. Nós somos o nosso corpo.

A intimidade e proximidade que temos com nosso corpo torna difícil percebê-lo como protagonista da revolução que está em curso desde o século passado e que se acelerou na primeira década deste século. O corpo vem sendo a morada incerta de transformações radicais, campo de experiências inéditas na nossa trajetória.

Do nascimento à morte, o corpo deixou de ser destino. É no corpo humano, mais permanente de nossas memórias, que uma impressionante revolução está refazendo o desenho original, tornando movediço o terreno do biológico e substituindo o destino pela liberdade. Nosso corpo tornou-se matéria de escolhas, liberdades e riscos.

Que estranha sensação provoca o olhar cândido de Dolly, esse *agnus hominis*, que, sem saber, terá tirado os pecados do mundo, tornando concebível a clonagem de seres humanos, quem sabe isentos de alma, quem sabe isentos de culpa.

A pílula anticoncepcional e as diabruras do movimento feminista já haviam zombado do destino que Freud acreditava inscrito no corpo das mulheres e aberto o leque das escolhas sobre o rosto de uma mulher até então desconhecida.

O feminino em movimento levou de roldão o masculino e lá se foi por água abaixo a sacrossanta imagem da família tradicional. Feminino e masculino buscam hoje autoria e definição na complexa e diversa vivência de homens e mulheres. Já bem pouco diz o corpo sobre a sexualidade. Se há dois sexos no mundo, as sexualidades, elas são múltiplas, confessas e socialmente aceitas.

Os dois sexos já não comportam a diversidade sexual, a fertilidade da fantasia e do imaginário. Assim também, juventude e velhice.

A indústria farmacêutica beneficiou-se nos últimos anos da venda de potência sexual — o Viagra é o remédio mais vendido no mundo — corrigindo uma das mais inconsoláveis fragilidades no destino dos homens. A cirurgia plástica oferece um paliativo a quem não gosta de si ou já não gosta de si, a promessa de outro começo ou recomeço.

O que vem confirmar a máxima do Prêmio Nobel de Medicina Jacques Monod: "O destino se escreve na medida em que se cumpre, nunca antes."

Confrontados à vertigem dessas mudanças, entre o fascínio e o medo, somos chamados a formular juízos de valor. Onde há abertura, possibilidade, incerteza, a escolha se instala, trazendo consigo o seu inescapável complemento, a interrogação ética.

Os progressos da ciência, que são também os da nossa ignorância, como uma vela na catedral mais do que iluminar dão a ver a amplitude da escuridão, do que não conhecemos. Daí a angústia de nosso tempo. Abandonados pelo destino, que era cruel, mas incisivo, aqui estamos diante da nossa liberdade, responsáveis pelo que der e vier.

Ciência e ética, ambas em progresso acelerado, dialogam inevitavelmente frente a imensos desafios, quando a possibilidade de intervenção humana na natureza já não se dá apenas na natureza entendida como meio ambiente, mas volta-se sobre si mesma e interfere na natureza humana. Esse é ao mesmo tempo o potencial de liberdade e os riscos que o século XXI promete.

O corpo que se aprendia nas aulas de anatomia, denominador comum que nos identificava como seres humanos, o corpo, que era um dado, é, hoje, mais e mais, um construído. Vivemos a era da história do corpo, um corpo com história, uma história humana da natureza. Nascer, amar, envelhecer e morrer se abrem em múltiplas possibilidades, ofertadas por medicina e genética.

Se antes nascíamos de um corpo de mulher, hoje essa afirmação já não é tão segura. *In vitro*, em úteros alugados, em úteros artificiais, a relação do filho com a mãe já não é mais o fato natural por excelência, é também fato cultural, façanha científica. A clonagem é o ponto extremo desse processo onde estaria abolida pura e simplesmente a filiação e todo seu valor simbólico e estruturante das sociedades.

Sexo e sexualidade já não necessariamente coincidem. Menino ou menina não obrigam a um destino pré-traçado, abrem-se opções afetivas em famílias plurais. A ideia de que a sexualidade é uma opção e não um destino ganha corpo em um tempo em que a homossexualidade é aceita como escolha existencial e legalmente reconhecida em instituições como as famílias homoafetivas.

Com o aumento da longevidade, a geração que entra na terceira idade dispõe de uma terceira vida. Sem parâmetros definidos quem se sente jovem dentro de um corpo que envelhece vive uma crise como a da adolescência. A presença de idosos com desejos, projetos, disponibilidade de tempo e isenção de preconceitos muda a sociedade por dentro. A velhice é um sentimento provocado pelo olhar dos outros. Se esse olhar perde seu poder depreciativo, abre-se um mundo imprevisível.

Os imensos progressos da tecnologia aplicados à medicina, ao lado dos indiscutíveis benefícios que trazem, vêm gerando situações de prolongamento artificial da sobrevida que, apagando as fronteiras entre a vida e a morte, fazem com que sejamos obrigados a temer não o dia de nossa morte e sim os dias de uma morte em vida, um calvário para si mesmo e para os que acompanham a agonia.

Morte com dignidade, cuidados paliativos interrogam a escolha do viver e morrer. A definição do que é dignidade humana traça a linha invisível que separa o possível do desejável.

Ciência e sociedade vêm evoluindo por mútuas influências, regenerando-se por efeitos recursivos, inaugurando a possibilidade da autoria de si. Cresce a dimensão de escolha, aumenta a gama de possibilidades, sopram ventos de liberdade. Assustadora às vezes, essa autoria é exigente. Cada um é chamado a exercê-la nas escolhas que faz em seu próprio corpo, em sua própria vida.

Um corpo com história, que vive de suas escolhas, já é, em si, uma liberdade. A cada um o risco de escrever, com suas escolhas, com a própria vida, sua autobiografia.

## Nascer

Esse momento inaugural da trajetória de cada um está hoje aberto a uma multiplicidade de possíveis. A escolha substitui a fatalidade.

Desde os anos 1950 a descoberta da contracepção inaugurou uma nova era na história das mulheres. A conquista dessa liberdade abriu-se em outras, produzindo um abalo sísmico nas até então aparentemente imutáveis relações humanas. Logo se perceberia que na imutabilidade das mulheres repousava a permanência da família patriarcal e que as mudanças na vida das mulheres feriam de morte a autoridade dos homens.

O controle do corpo trouxe consigo, para as mulheres, a inédita e impensável liberdade sexual. O risco da gravidez indesejada fora até então a mais segura chave que garantia a prisão dentro da família.

A sexualidade se desliga do casamento e se abre a uma multiplicidade de possíveis. A instituição inquebrantável da família como guardiã da sexualidade cede terreno para a livre expressão amorosa, um inusitado pássaro louco que ninguém sabe onde vai pousar.

Se a família tradicional se estruturava em torno da procriação, a família hoje se assenta cada vez mais em relações de afeto e respeito recíproco. Permanece enquanto duram esse afeto e esse respeito.

A partir dos anos 1980 a engenharia genética oferece a homens e mulheres uma liberdade antes desconhecida. As novas tecnologias de reprodução venceram a infertilidade e trouxeram alívio aos casais que sofriam com ela recorrendo à fecundação *in vitro*, os úteros artificiais e os bancos de óvulos e de esperma.

Hoje servem também às famílias homoafetivas que decidem criar filhos. Ou às mulheres que congelam óvulos porque preferem ter filhos em uma idade mais avançada quando já tiverem sua carreira definida. São escolhas possíveis que ampliam a liberdade individual. Por outro lado, os progressos da engenharia genética contêm riscos.

É possível que esteja aberto o grande supermercado da reprodução, com empresas vendendo serviços reprodutivos e oferecendo o que se convencionou chamar de "tecnologia da predeterminação sexual", que permite aos pais escolher o sexo dos filhos. Empresas que retiram os embriões de determinadas mulheres para implantá-los em outras, empresas que põem à venda mães de aluguel.

Dez anos atrás, uma universidade americana instituiu um seminário internacional intitulado "O fim da mãe natural?". Subtítulo: "O nascimento de bebê design." Configurava-se no horizonte o espectro da criança artefato, da criança produto, fabricada sob medida, aperfeiçoada sob encomenda. Essa criança preencheria os sonhos dos que a idealizaram sem se dar conta de que seu aparecimento representa, talvez, o último elo na cadeia perversa da mercantilização da vida, a última volta de parafuso na lógica do mercado.

A percepção desse risco levanta questões de fundo que forçam uma releitura, sob o prisma da ética, desses procedimentos científicos. Tudo que pode ser feito deve ser feito? Existem fronteiras que não devem ser transpostas? Quem decide? Em nome de que valores?

As tecnologias de reprodução assistida trazem à baila questões inquietantes.

O que era consenso, aquilo em que todos se reconheciam, subitamente tem que ser repensado: por onde passa a fronteira do possível e do desejável?

## O amor é um pássaro louco

Em meio século a história da relação amorosa mudou mais do que em milênios. Nesse período abalou-se uma das estruturas mais sólidas da identidade humana, a diferenciação sexual. Nascia-se menino ou menina e esse fato biológico balizava uma sexualidade definida como normal, enquadrada na instituição fundadora da sociedade — a família.

Antes um espelho esperava homens e mulheres com a imagem já impressa. Ai do rosto que não coincidisse com esta imagem!

Os desviantes eram duramente punidos pelo entorno e por si mesmos, roídos pela culpa, pela inadequação, pela falta de lugar social. Desajustados era um termo largamente empregado na bibliografia clínica da época, conotando ao mesmo tempo um parafuso a menos e uma ameaça de quebra de uma engrenagem social supostamente azeitada e permanente.

Essa ameaça autorizava todo tipo de repressão, seja de caráter moral, como a que se dava entre as pessoas que se viam como civilizadas, seja física, como entre os truculentos que se permitiam expedições de caça e espancamento contra os que consideravam anormais, os homossexuais. O medo foi um companheiro constante do chamado desvio das normas e convenções.

O desvio, no entanto, não é uma disfunção passageira, ele é um processo fundamental da transformação das sociedades, a mola propulsora que rompe a inércia, o acontecimento inesperado que complexifica o sistema social. Os desviantes, por definição minoritários, provocam as transformações das normas e dos códigos, produzindo um contradiscurso que ilumina as zonas de sombra e proibição onde se esconde o lado inconfessável das sociedades.

Transformam a negação da norma em um outro possível, quebrando a hegemonia de uma ideologia.

Uma ideologia é invisível enquanto se confunde com o senso comum. Só é reconhecível como ideologia quando perde o seu estatuto de naturalidade, de verdade inapelável por todos interiorizada. Quando passa a ser um possível entre outros possíveis, um discurso que encontrou sua dissidência, quando é obrigada a argumentar para se defender, não é mais hegemônica, sua verdade e seu poder estão comprometidos.

Os desviantes vão progressivamente saindo do lugar de um "não eu" em que a maioria os coloca e afirmam um "outro eu". Denunciam a intolerância à alteridade que nos leva a ver o nada no que não nos reflete e descreve o diferente como ausente. Por isso, são forçosamente radicais, desafiadores. Foi assim com o feminismo, é assim com o movimento gay.

Os que eram definidos e se definiam de maneira negativa e patológica face aos códigos sociais dominantes passam a se afirmar como pessoas que encarnam um código próprio e vivem como uma outra possibilidade existencial.

A quebra da família tradicional vai permitir novas figuras do desejo, uma gama de comportamentos sexuais e de gênero, tão múltiplas e cambiantes quanto a individualidade de cada um. Do indivíduo antes classificado como desviante às novas formas de família reivindicadas em diversos países como união civil, desenha-se o fio de uma complexidade social que começa no corpo dos indivíduos, na interpretação que cada um atribui a sua própria sexualidade e se encarna nas instituições sociais.

O debate sobre a união civil entre pessoas do mesmo sexo é o melhor exemplo do movimento que começa com uma demanda de reconhecimento de identidade, demanda individual de existência, e culmina com uma transformação institucional, a reconfiguração do conceito de família.

A crescente demanda de reconhecimento e afirmação de direitos pelos transexuais trouxe à luz uma parcela oculta da sociedade, indivíduos, homens e mulheres que não se reconhecem ou encontram realização física e psicológica no sexo com que nasceram.

Esse desencontro da identidade e do desejo com o corpo que lhes coube por nascimento levou os transexuais à luta pelo direito de mudar, seja sua aparência, seja seu próprio corpo obedecendo ao impulso de buscar a felicidade e a realização amorosa. No extremo da insatisfação e da revolta contra a fatalidade do corpo, há casos, cada vez mais frequentes, de pessoas que recorrem a cirurgias para mudança de sexo. São exemplos gritantes da historicidade que se introduziu na fatalidade do corpo.

## Envelhecer

O mundo está envelhecendo. Ninguém quer a morte, só saúde e sorte, sentenciou Gonzaguinha, e, desde então, os brasileiros repetem em coro esse refrão. A geração dos que entram na terceira idade está começando, se tiver saúde e sorte, uma terceira vida.

A constatação é perturbadora para quem chegou lá, porque será pioneiro em inventar essa terceira vida e o fará sem parâmetros que lhe digam o que é certo ou errado, aceitável ou ridículo, sadio ou malsão. Janus com uma face voltada para a liberdade e a outra para a angústia e a incerteza. Uma situação que se assemelha, hoje, estranhamente, à adolescência.

"O que é chato no envelhecer é que eu sou jovem", protestava Colette. Pessoas que se sentem jovens e ainda não se reconhecem em um corpo que não lhes parece seu lembram os adolescentes que, com um pé na infância, assistem perplexos à revolução hormonal. Mas não é só o corpo que se torna morada incerta.

Incerto é o momento em que a chamada vida ativa já se transformou para a maioria em perda de identidade profissional e é preciso buscar um novo perfil, como o adolescente face à vida adulta se perguntando o que eu vou ser quando crescer. O que se vai ser quando envelhecer é uma questão nova em um tempo em que já ninguém responde simplesmente: velho.

A uma geração a quem se promete mais vinte ou trinta anos de vida, em boa saúde, física e mental, estão colocados uma possibilidade de liberdade e um convite à invenção.

Os jovens sempre olharam para os mais velhos como velhos. Só que, hoje, os chamados idosos não se comportam segundo a expectativa dos jovens. Mudou sua disposição de vestir os estereótipos com que se lhes ditava uma vida sem futuro.

A grande armadilha que desfigura a existência de quem avança na idade é a nostalgia da juventude perdida e a tentativa desesperada de recuperá-la. Esse desespero tem raiz no sentimento de exclusão, no sinal de menos que vem associado ao envelhecimento. Se alguém se convence de que já não há lugar para si lá onde está, nada lhe resta senão tentar o impossível retorno. Para isso todos os sofrimentos e riscos são assumidos, inclusive as mesas de operação.

Assumir uma identidade viva, compatível com essa fase da existência é mais desafiante do que se lançar na imitação da juventude, aventura em que as fronteiras do ridículo e do patético são muito tênues. Talvez, assim, a distância entre jovens e idosos diminua, aumentem as possibilidades de convivência e proximidade, como acontece com quem viaja, visita outra cultura e encontra encanto na experiência do outro.

Nada melhor para exorcizar o fantasma da morte, já que há consenso de que a vida é, para todos, moços e mais velhos, uma doença fatal, sexualmente transmissível. Não se trata do medo da morte, mas do medo da vida, a vida com suas possibilidades cortadas ou reduzidas pelo tempo que passou.

Medo da perda de oportunidades que a juventude oferecia e que aparentemente se esvaziam quando a idade avança. Saudade do corpo sem marcas e do *élan* que o habitava e sobrevive, intacto, sem o corpo onde morava. Se esse medo se faz atuante no cotidiano, tem a força corrosiva da profecia que se cumpre. Nega-se o tempo passado não por medo do futuro, mas do presente.

É o olhar estrangeiro que nos faz estrangeiros a nós mesmos e cria os interditos que balizam o que supostamente é ou deixa de ser adequado a uma faixa etária. O olhar alheio é mais cruel que a decadência das formas. É ele que mina a autoimagem, que nos constitui como velhos, desconhece e, de certa forma, proíbe a verdade de um corpo sujeito à impiedade dos anos sem que envelheça o alumbramento diante da vida.

Porque ninguém, de fora para dentro, se percebe envelhecer. Proust, que de gente entendia como ninguém, descreve o envelhecer como o mais abstrato dos sentimentos humanos.

O príncipe Fabrizio Salina, *Il Gattopardo* criado por Giuseppe Tomasi di Lampedusa, não ouvia o barulho dos grãos de areia que escorrem na ampulheta.

Não fora o entorno e seus espelhos, netos que nascem, amigos que morrem, não fosse o tempo "um senhor tão bonito quanto a cara do meu filho", segundo Caetano, quem, por si mesmo, se perceberia envelhecer? Morreríamos nos acreditando jovens como sempre fomos.

A vida sobrepõe uma série de experiências que não se anulam, ao contrário, se mesclam e compõem uma identidade. O idoso não anula dentro de si a criança e o adolescente, todos reais e atuais, fantasmas saudosos de um corpo que os acolhia, hoje inquilinos de uma pele em que não se reconhecem.

E, se é verdade que o envelhecer é um fato e uma foto, é também verdade que quem não se reconhece na foto se reconhece na memória e no frescor das emoções que persistem. É assim que, vulcânica, a adolescência pode brotar em um homem ou uma mulher de meia-idade, fazendo projetos que mal cabem em uma vida inteira.

As transformações que se operam no corpo não são sem paralelo com o que se opera no conjunto da identidade. Ao longo da vida acumulam-se diferentes identidades na experiência de cada um e o processamento dessas identidades não se dá pela exclusão umas das outras e sim pela interação entre elas.

O jovem não elimina a criança, o adulto não mata o adolescente, o idoso não renuncia necessariamente a nenhum desses passados. Incapazes de se reconhecer em fotos antigas, os indivíduos se reconhecem em suas memórias.

É a qualidade do Eu que sobrevive à decadência do corpo. Se as moléculas se degradam e as células morrem, o Eu persiste e assiste ao seu próprio encontro com o mundo de onde pode advir, dependendo do entorno, surpresa e invenção.

É o conceito de velhice que envelhece. Envelhecer como sinônimo de decadência deixou de ser uma profecia que se autorrealiza. O que representa uma ampliação da liberdade.

## Morrer

Por causa da inevitável traição do corpo a reação humana é de desencontro, de estranheza diante deste amigo que nos abandona. Afinal, estamos todos ancorados na materialidade do nosso corpo. Alma, espírito são como uma espécie de vapor em que ninguém quer se ver transformado.

Ninguém se acostuma facilmente ou acata com simplicidade a ideia da morte. Em torno das figuras de Deus e da Morte construiu-se toda a interrogação humana sobre si mesma, sobre quem somos, de onde viemos, para onde vamos. Essas interrogações determinaram praticamente toda a aventura do pensamento filosófico e o sentido da arte.

Apesar de ser uma experiência inarredável, a morte ainda não é enfrentada pela sociedade, é um assunto incômodo, ocultado. Talvez por defesa contra a evidência e o horror da finitude, talvez porque a questão traga consigo problemas por demais delicados.

Daí a aspereza do debate sobre se a medicina tem o direito de ajudar um paciente a morrer quando esta é a sua vontade ou, ao contrário, o dever de prolongá-la em quaisquer circunstâncias. Essa questão constitui-se em um dos mais complexos debates filosóficos na contemporaneidade: manter o corpo vivo ou não quando a dor o atormenta e já não há esperança de remissão.

Quem teve a penosa experiência de acompanhar um ente querido em fase terminal sabe que não presenciou um espetáculo de vida, mas, pelo contrário, da morte em vida, da morte presente na vida. Conhece a convivência com um corpo presente de onde a vida, a verdadeira vida, aquela que pulsa no que os religiosos chamam de alma e os leigos de espírito, ali onde cada um se reconhece e reconhece os outros, os que amou e os que o amaram, essa verdadeira vida já se foi.

Resta esse corpo objeto, plugado, um emaranhado de fios, sobre o qual a medicina multiplica intervenções cada vez mais sofisticadas, milagres de ressurreições passageiras que alimentam cada dia esperanças fadadas ao fracasso. O corpo, ali, uma presença ausente. No corredor, o vale de lágrimas e angústias, as famílias, os amigos.

Quando a senhora das sombras se instala nas células é preciso negociar com ela. Enfim começamos a admitir o direito de morrer e de morrer em paz.

É preciso quebrar o silêncio e abrir uma dinâmica nova na rotina macabra do fim da vida. Evolui-se agora para discutir não apenas nas comissões de bioética ou nos Conselhos de Medicina, mas dentro de cada família confrontada ao fim de vida de uma pessoa querida, como melhor acompanhá-la nesse momento em que, desvalida, se acrescenta à dor física a dor moral.

Os cuidados paliativos destinados a aliviar o sofrimento — e há imensos progressos nesse campo — e deixar agir a natureza, sem intervenção protelatória, são um reconhecimento e um respeito da vontade do paciente e, na impossibilidade dele, de sua família. Aliviada é também a dor dos próprios médicos, que vivem uma divisão penosa entre assumir uma derrota que é a morte do paciente, que eles não querem e contra a qual lutam bravamente, e insistir no tratamento que, bem sabem, não leva a nada.

Saem perdendo aqueles para quem uma agonia interminável é uma fonte de lucro certo e esses, não nos enganemos, também existem e não são poucos. É o lado sombrio, o avesso do progresso científico, a utilização do conhecimento com o objetivo exclusivo de ganhar dinheiro, dos que substituíram o juramento de Hipócrates pelos negócios de hipócritas.

Este debate tão delicado e necessário se desdobra no questionamento dos limites da ciência, da diferença entre poder e dever que funda as comissões de bioética que estão se impondo, em todos os países, como interlocução essencial entre ciência e sociedade.

É cena clássica do cinema e da literatura o momento em que sai o médico e entra o padre. Era assim quando as religiões guardavam o monopólio da simbolização da morte. As sociedades laicas são chamadas a assumir a responsabilidade por esta dimensão da vida. Nem tudo foi dito, o assunto está longe de ser esgotado.

As tecnologias aplicadas à medicina não param e não pararão, felizmente, de se desenvolver. Quanto mais progridem, mais é necessário que a sociedade discuta e proponha novas legislações sobre seu uso.

Quando nos pronunciamos sobre como morrer, o que está em discussão é como viver, como integrar o momento da morte à vida dos seres humanos, insistindo em que ele seja uma última experiência de afeto e de afirmação da dignidade.

Morrer sozinho, na companhia de máquinas, é destino que ninguém merece.

A morte faz parte da vida e, neste momento extremo, mais do que nunca a liberdade e a dignidade humana devem ser preservadas. Do direito à vida não decorre o dever de viver a qualquer preço.

Os defensores da morte assistida fundamentam suas escolhas no respeito à dignidade humana e na afirmação da liberdade. Esse direito à autonomia interroga a sociedade e coloca um problema eminentemente político.

O debate sobre o fim da vida está aberto e faz seu caminho nas sociedades democráticas que cada vez mais reconhecem o direito dos indivíduos de viver com dignidade até o fim, de escrever sua história até o ponto final.

O reverendo Desmond Tutu, Arcebispo Emérito da Cidade do Cabo, Prêmio Nobel da Paz, braço direito de Nelson Mandela na luta contra o apartheid na África do Sul, é um ícone mundial na defesa dos direitos humanos. Recentemente, Tutu chamou sua filha para conversar sobre o fim de sua vida.

Anunciou que gostaria, ele mesmo, de escolher quando sua vida se encerraria, em que condições, recusando o prolongamento artificial das funções vitais.

Fez, então, por escrito a defesa do direito à morte com dignidade, contrariando aqueles médicos que acreditam ser seu dever prolongar a vida do paciente em quaisquer circunstâncias. "Tive o privilégio de dedicar minha vida à dignidade dos que estão vivos. Agora quero dedicar minha energia à luta pela dignidade dos que estão morrendo." E concluiu afirmando que reivindica para si o direito à "morte assistida".

Dois anos antes o suíço Hans Küng, um dos mais eminentes teólogos católicos, publicara um livro intitulado *Morte feliz* em que declarava que, chegado o momento, não abrirá mão do direito de decidir serenamente, sob sua inteira responsabilidade, sobre a hora e o modo de sua morte, uma decorrência do princípio do livre-arbítrio.

Hans Küng é membro de uma associação suíça sugestivamente chamada "Exit" que ajuda as pessoas que sofrem de uma doença incurável, expostas à degradação física ou mental, dolorosa ou incapacitante, a morrer como desejam. Para ele, assim como se ajuda alguém a viver, ajudá-la a morrer, como é este seu desejo, é ponto extremo da compaixão. O que não se choca com suas convicções religiosas uma vez que ele se recusa a imputar ao Deus em quem acredita a criação de um inferno em vida.

Desmond Tutu, Hans Küng, dois homens profundamente religiosos, fundamentam suas escolhas no respeito à dignidade humana e na afirmação da liberdade.

Nada é mais cruel e injusto do que, em nome de um princípio religioso ou de uma ética médica de outros tempos, impor a um ser humano, já fragilizado e contra sua vontade, dores atrozes, a imobilidade que aprisiona dentro do próprio corpo ou a convivência insuportável com a certeza de que sua mente e, em consequência, sua capacidade de escolha estão se apagando.

O que está em jogo não é só a dignidade de cada um, é a essência mesma de nossa humanidade. Feliz de quem consegue chegar ao fim da vida ainda na posse de suas faculdades mentais, com suas lembranças e afetos intactos, cercado pelos seus entes queridos.

O primeiro passo na direção de um maior respeito à demanda dos pacientes é a atenção cada vez maior que vem sendo dada aos "cuidados paliativos", à luta contra a dor e o sofrimento percebidos até pouco tempo atrás como uma fatalidade.

Médicos que sempre pensaram que sua missão era garantir a todo custo a sobrevivência dos pacientes vão aprendendo no contato com eles a importância de poderem ser tratados em casa ou atendidos por equipes treinadas para reduzir a dor e o sofrimento, capazes ainda de fazer as pequenas escolhas cotidianas que exprimem seu gosto pela vida.

Ajudar o paciente a lidar com a angústia da morte implica em ouvi-lo. E ouvi-lo inclui a possibilidade de que ele peça ajuda para morrer. Ou para continuar vivendo até o fim.

Os cuidados paliativos exprimem escuta e respeito ao desejo dos pacientes, mas não respondem à questão de fundo: o poder de decisão não pode mais estar nos médicos, por mais bem-intencionados que sejam, e sim na vontade soberana do paciente.

O debate sobre o fim da vida está aberto e faz seu caminho nas sociedades democráticas que, cada vez mais, reconhecem o direito dos indivíduos de viver com dignidade até o fim, escrever em sua história o ponto final.

A morte faz parte da vida e nesse momento extremo mais do que a liberdade e a dignidade humana devem ser preservadas. Do direito à vida não decorre o dever de viver a qualquer preço.

A morte com dignidade faz parte das liberdades que se ampliam e devem ser reconhecidas como direitos garantidos em lei. Morrer dignamente é a última liberdade.

## A vida passada a limpo

Um simples rascunho do chamado livro da vida, que promete ser passado a limpo nos mínimos detalhes nos anos vindouros, está, com razão, sendo comparado à invenção da roda. Ou seja, aquelas conquistas científicas que mudam tudo, a ótica sobre o presente, a perspectiva do futuro.

É claro que os humanos não serão os mesmos quando doenças, hoje fatais, puderem ser previstas ou até mesmo curadas, semeando assim fantasias de imortalidade. Mas, sobretudo, quando souberem que poderão nascer em laboratórios os que antigamente chamariam de seus bisnetos e que já não o serão no sentido que hoje atribuímos a esta palavra.

Desponta no horizonte a possibilidade da produção de seres humanos atendendo a encomendas mais ou menos desenhadas pelos pais. E mesmo se o horizonte é ainda longínquo para que se veja nítido, o que se sabe já é suficiente para atualizar um misto de fascínio e terror.

De onde viemos e para onde vamos? Essas duas perguntas sintetizam a curiosidade e angústia que moveram ciência e religiões, as quais, diga-se, sempre andaram às turras.

Nascimento e morte, origem e destino, esses parênteses entre os quais se passa a vida são os mistérios maiores, os campos sagrados onde todos, cientistas ou religiosos, pisaram com respeito e implacável sentimento de vulnerabilidade.

Quando for possível produzir um ser humano fora do ventre de uma mulher, fora das regras da paixão, driblando o acaso, seguindo a necessidade do DNA modificado, melhorando, corrigindo, quando isso for possível os humanos estarão fazendo prova de um *know-how* sobre si mesmos que até então habitava apenas a ficção científica.

Até aqui as metáforas descrevendo este feito têm sido mais literárias: letras, alfabeto, páginas, texto. Rascunho. Mas o próprio Projeto Genoma está fora dessa lírica.

Anos atrás, quando o projeto ainda engatinhava, tive o privilégio de visitá-lo graças aos bons auspícios de um brasileiro que nele trabalhava. Encontrei-o no sétimo subsolo de um hospital em Columbia, Nova York, e me lembro do cheiro forte de um produto químico, que, sem ser, parecia formol, o que lembrava a morte lá onde se pesquisava a vida. Fiquei zonza, mas meu fascínio foi tão grande quanto fora para mim a leitura do *Fausto* de Goethe.

Definitivamente não nos rendemos à ideia de um divino mistério, impenetrável, o da nossa criação. E temos razão. A aventura da ciência é das mais belas, mesmo se pagarmos caro os efeitos colaterais. É bela porque inconclusa. Mesmo se viermos a saber mais sobre de onde viemos, quem nos dirá para onde vamos?

## Labirinto

Contrariamente aos que pensam que este é um mundo a ser governado pela ciência, estamos diariamente respondendo em nossa vida, com as vidas que vivemos, a essas questões, mesmo se não nos damos conta da importância coletiva de nossos gestos individuais.

As sociedades se geram a si mesmas. O pensamento se elabora em uma multiplicidade de espaços e vivências que vão provocando a transformação das sociedades. Os caminhos que cada uma escolherá serão diversos e imprevisíveis.

O cosmólogo Luiz Alberto Oliveira vai buscar em Jorge Luis Borges a imagem do labirinto para explicitar a indeterminação do futuro, as múltiplas possibilidades do real. "Irremediáveis descendentes de Dédalo, costumamos conceber um labirinto como uma armadilha espacial: uma estrada que não leva a lugar algum."

O cosmólogo Luiz Alberto Oliveira aprendeu com Jorge Luis Borges que não é assim. Cientistas e poetas têm um namoro antigo. Talvez porque de certa maneira façam a mesma coisa. Ele invoca "O jardim dos caminhos que se bifurcam", onde Borges demonstra que a unidade elementar de um labirinto é a encruzilhada, e continua sua viagem pelo labirinto perguntando:

> O que sucede numa encruzilhada: temos a estrada, estabelecida, necessária; surge a bifurcação: qual dos dois caminhos o viajante vai seguir? Quais ramificações de bifurcações posteriores poderão vir a ser percorridas, quais futuros serão atualizados? A encruzilhada está ali, está dada, mas a escolha é imprevisível, imponderável, dela só podemos dizer sua chance. Cada vez que numa encruzilhada um caminho é seguido o dado do acaso rola sobre a mesa da necessidade.

Tomo emprestada a Luiz Alberto Oliveira a metáfora do labirinto. O labirinto é a encruzilhada a partir da qual o caminho que for escolhido pode levar a um beco sem saída ou a novos horizontes.

Ao longo de toda sua história, a ciência vem inventando a natureza, modificando-a. Tudo que foi feito desde a pedra polida até hoje é uma história de intervenção humana na natureza e, nesse sentido, a ciência não é diferente da arte, os artistas não são os únicos que inventam a natureza.

Nas sociedades democráticas essa construção artística implica em um debate permanente entre pessoas, as sociedades se tornam um imenso campo argumentativo, onde se define como esta arte vai se exercer melhorando a vida humana sem que a ponha em risco.

O discurso triunfalista da ciência — a ciência pode tudo e vai tudo transformar — só teria sentido se esse triunfo fosse o dos homens sobre si mesmos, uma dobra na consciência que lhes permitisse aliar à perfeição técnica a responsabilidade moral.

O tema não é novo. Em 1948, Norbert Wiener lançou um livro sobre cibernética onde dizia: "Tenho a plena consciência de que estou inaugurando uma ciência que pode ser para o bem ou para o mal. Essa ciência não voltará atrás porque o conhecimento quando se revela não pode mais ser negado."

Wiener, perguntando-se o que fazer com essa ciência nova, promissora e desafiadora que estava criando, respondia: "Não abandoná-la, não deixá-la escapar de nossas mãos porque isso será imediatamente apropriado pelos mais venais e mais mortíferos."

Essa mesma cautela se impõe hoje em relação às biociências. Os conhecimentos estão aí, são constitutivos do mundo contemporâneo, não voltarão atrás. Em questão estão o nascimento, o amor, o envelhecimento e a morte.

As sociedades contemporâneas não têm outro caminho senão refletir, debater exaustivamente, formar sua opinião e decidir sobre os desafios que os vertiginosos progressos da ciência estão colocando.

A encruzilhada está aí. E como bem diz Luiz Alberto Oliveira, somos nós, "os herdeiros de Dédalo", que vamos escolher o caminho.

## Fronteiras

Onde ficam as fronteiras a não ser ultrapassadas e quem as fixa? Com que direito, outorgadas por quem?

Quem toma decisões sobre temas fundamentais como o sigilo de informações contidas no código genético de cada um? Como protegê-las de empregadores e das companhias de seguro? Como garantir a privacidade dos genes?

Como se elaboram as normas em tempos de mudanças tão vertiginosamente rápidas? As estruturas da sociedade evoluirão com a mesma rapidez com que evolui a ciência? Se assim não for essa defasagem será geradora de grandes desastres. Deixará vazios que abrigarão abusos, intolerâncias e arbítrios.

Que estruturas de debate público, de deliberação coletiva, de informação e de educação sustentarão o campo argumentativo necessário ao acompanhamento dos progressos da ciência? Comissões de ética, por mais bem constituídas que sejam, com os melhores especialistas, não bastam. Há que estimular a capacidade das pessoas comuns de elaborarem, discutirem, confrontarem seus juízos de valor, como já vêm fazendo ao tomar decisões de cunho pessoal, delicadíssimas às vezes, como romper um casamento, interromper uma gravidez indesejada, fazer uma vasectomia.

Uma fronteira tênue, mas inegável, separa a autonomia que rege as decisões individuais, como as relativas ao exercício da sexualidade, das que afetam o perfil de toda uma sociedade. Doar órgãos é uma decisão individual, vendê-los é dar a última volta de parafuso na lógica do mercado. A proibição da venda de órgãos é uma decisão de interesse coletivo que responde a critérios éticos.

O fato é que, tanto no plano das relações privadas quanto das relações sociais, nosso tempo impõe uma ética do debate, onde prima o valor do argumento, da troca de opiniões, da transparência dos problemas. Exatamente o contrario do anátema da proibição e da censura.

Na sociedade do conhecimento, a democracia se pratica com reflexão, reconhecimento da complexidade dos que nos é dado viver. A complexidade das questões contemporâneas é uma faca de dois gumes: fascinante pelo seu caráter inaugural de uma nova era, ameaçadora pelos riscos de manipulação da ignorância e pelo espantalho do obscurantismo.

Os medos, justificados aliás, que as novas tecnologias biomédicas inspiram só podem ser enfrentados, com progressos no campo do espírito, tão revolucionários quanto as possibilidades do corpo.

Não há por que atribuir às novas tecnologias um gosto faustiano de pacto com o diabo. É possível que sejamos capazes de criar processos de debate e tomada de decisão sem, por isso, renunciarmos a elas como se fossem demoníacas, tampouco a elas aderirmos com a sofreguidão de nos improvisarmos em deuses. Tentemos apenas ser humanos. Artistas a braços com a sua própria obra.

# INDIVÍDUOS, SUJEITOS E CIDADÃOS

A contemporaneidade com os fatos históricos dificulta o seu entendimento. O testemunho direto do que chamamos fatos — a experiência pessoal das situações estudadas — se por um lado afia o pensamento na espessura mesma do real, por outro pode o real tirar-lhe o corte, gasto pelas emoções que, na experiência de cada um, se confundem com um período histórico.

O debate sobre a globalização faz-se no âmago de uma geração que está assistindo a uma mudança de era, que participa de corpo presente do réquiem pelo seu tempo. E é essa geração que vem tentando entender-se a si mesma com os instrumentos precários de ciências que se vão tornando obsoletas e na ausência daquelas que ainda não nasceram. Enquanto isso, a realidade se transforma mais rapidamente do que conseguem se renovar nosso arsenal teórico e nossa capacidade de análise.

Essas considerações exprimem apenas a constatação de que as verdades têm hoje alta combustão. Essa combustão é tanto mais rápida quanto a matéria de que se trata aqui — o impacto da globalização no cotidiano — é, ela mesma, oleosa e inflamável.

## Fundação do mundo

No verão de 1940 a Inglaterra se encontrava à beira de uma derrota catastrófica. Apenas o canal da Mancha se interpunha entre os exércitos de Hitler e a ocupação de Londres. Ao assumir, naquela hora extrema, o cargo de primeiro-ministro, Winston Churchill fez um amplo e veemente apelo à população para enfrentar a ameaça iminente de invasão.

Em contraste com a Primeira Guerra Mundial, disse ele, essa não é uma guerra de príncipes, chefes ou generais, é uma guerra de todos, é uma guerra do povo.

> A mobilização total das nações em Guerra não envolve apenas soldados, mas o conjunto da população, homens, mulheres e crianças. As trincheiras foram escavadas nas cidades e nas ruas. Cada aldeia é uma praça forte. Cada estrada tem suas barreiras. A linha de frente do combate passa pelas fábricas. Os trabalhadores são soldados que se batem com armas diferentes, mas com uma mesma coragem.

Em seu livro, *The People's War*, Angus Calder apreende essa extraordinária capacidade de mobilização de energias de que é capaz uma sociedade democrática:

> A população civil se apresentou para cumprir sua missão. Seus líderes nos esquadrões de combate aos incêndios causados pelas bombas, no chão das fábricas, na Defesa Civil, afirmaram um novo espírito radical e popular. A guerra foi conduzida pelos corações e mentes dos melhores membros da comunidade, os educados, habilidosos, os corajosos, os audaciosos, os jovens, todos aqueles que iriam mais tarde desempenhar um papel de liderança na transformação do mundo do pós-guerra.

Se Auschwitz representou o patamar insuperável de negação da humanidade, a resistência e vitória das nações aliadas sobre o nazi-fascismo exprimiram e alimentaram a esperança de outra ordem para o mundo.

Certamente não terá sido por acaso que a Carta das Nações Unidas comece pelas palavras: *"Nós, os povos das Nações Unidas..."* Que a ONU tenha nascido como uma assembleia de vencedores, que as oposições entre blocos e Estados tenham levado a cinquenta anos de Guerra Fria, não altera o ineditismo dessa referência à participação dos cidadãos do planeta e sua inspiração fundadora: a tentativa generosa de instaurar uma gestão conjunta da convivência entre os povos.

Ainda hoje, quem caminha pela Primeira Avenida em Nova York esbarra na placa que celebra seus alicerces, com uma evocação bíblica: *Eles farão de suas espadas arados.* Transformar espadas em arados, metáfora da construção da paz, alegoria do bom governo, tão eloquente quanto os afrescos do Palazzo Civico na Piazza del Campo em Siena. Aspiração antiga, agora ampliada em escala mundial.

Em seu relatório à Assembleia Geral do Milênio, apresentado em setembro de 2000, o secretário-geral Kofi Annan rememora assim os primeiros anos das Nações Unidas, quando o término da sessão anual de trabalho da Assembleia Geral podia ser previsto com precisão. Seu limite máximo era fixado pela última viagem do ano do Queen Mary.

Dois terços dos atuais membros da ONU naquele tempo não existiam como Estados soberanos. Éramos 2,5 bilhões de seres humanos, hoje somos 7,7 bilhões. Ninguém falava por telefone internacional porque o preço era proibitivo. Mesmo para os negócios só se usava esse recurso em circunstâncias excepcionais.

Hoje a fusão de firmas de telecomunicação cria um negócio cujo valor de mercado excede o produto nacional bruto de mais da metade dos países membros. O primeiro computador recém-construído ocupava uma imensa sala e era fisicamente rebobinado a cada tarefa. Ecologia não era um tema de política internacional e mesmo a ficção científica ainda não visitara o ciberespaço.

Se as questões da paz e da segurança internacional marcaram os primeiros anos das Nações Unidas, ainda mais complexa e delicada se afigura a construção das condições de uma convivência global entre os povos do planeta. Hoje já não estão em jogo apenas as relações entre Estados, mas uma multiplicidade de relacionamentos e interações econômicas, sociais e culturais indicadores de uma comunidade de destino.

A geografia se fez *démodée* e a história se projetou no futuro. Do Clube de Roma à Rio-92, a consciência coletiva de um pertencimento global penetrou no espírito dos indivíduos e na pauta das relações internacionais. "Nosso futuro comum" é mais que uma expressão, consubstancia um projeto não apenas para uma geração, mas para as gerações vindouras, o que inaugura uma História do Futuro, inédita no discurso da História.

Durante os anos 1990, a agenda das Nações Unidas deslocou-se dos conflitos entre blocos e estados nacionais para debruçar-se sobre temas não só de interesse global, mas diretamente ligados ao cotidiano das populações.

"Qualidade de vida" e "desenvolvimento sustentável" emergiram como conceitos da Rio-92. A universalidade dos direitos humanos fez face ao relativismo cultural que, na Conferência de Viena, encobria resistências fundamentalistas. Os direitos reprodutivos, forjados no movimento mundial de mulheres, redirecionaram os debates da Conferência sobre População no Cairo.

Em Copenhagen, a persistência da pobreza, do desemprego e da exclusão social frustrou a comunidade internacional cansada de palavras gastas e inoperantes. Enfim, a Conferência de Beijing demonstrou que o século XXI começava ali, procedendo a uma ruptura civilizatória: a quebra do paradigma milenar que, até então, consagrara a submissão das mulheres, a hierarquia entre os sexos.

A agenda global das Nações Unidas não representou apenas a introdução de novos temas no debate internacional. Representou também — e provavelmente terá sido essa a ruptura mais significativa — a emergência de uma multiplicidade de novos atores com voz ativa na identificação de prioridades, na produção de consensos e na construção de novos canais de interlocução e negociação. A própria noção de espaço público internacional se reconfigura e se amplia com a entrada em cena dos cidadãos e de suas organizações.

Ao dar ressonância a esses novos interlocutores e a suas demandas, a agenda social das Nações Unidas teve um extraordinário potencial mobilizador das sociedades em escala global. Estava em curso um inédito processo de democratização nos mecanismos internacionais de negociação.

Cada um dos temas constantes da chamada agenda social da ONU muito direta e sensivelmente tocava a vida e o cotidiano de cada um. Seu processo de discussão dentro e fora dos países veiculou informações, formou opiniões, criou hábitos de debate e interlocução entre Estado e sociedade, engendrou uma cultura de participação e responsabilidade no plano global.

É esse processo, então em curso, que, mais do que qualquer outro, merece a designação de globalização: a emergência de uma sensibilidade global, de um "ponto de vista da humanidade", de uma inédita e emergente cidadania planetária.

Violações sistemáticas de direitos humanos, mudança climática, proliferação de pandemias, desvarios do sistema financeiro, crime organizado, terrorismo, armas de destruição em massa são ameaças à ordem mundial que, por definição, afetam a todos, extravasam as fronteiras nacionais e não podem ser resolvidas apenas pelos Estados.

Esboçavam-se os contornos de uma governança global compartilhada. A tomada de consciência planetária sobre a urgência de um enfrentamento comum dos temas globais foi atropelada e levada de roldão pelo avanço irresistível de outro conjunto de fenômenos, de natureza econômica e tecnológica.

"Globalização é a crescente interdependência econômica dos países em todo o mundo, gerada pela expansão no volume e variedade das transações de bens e serviços entre eles, dos fluxos de capital, bem como pela difusão mais rápida e abrangente da tecnologia."

Nessa definição do Fundo Monetário Internacional, o eixo do debate se desloca radicalmente. A fundação do mundo, fenômeno complexo, múltiplo, aberto e imprevisível, de repente se reduz à sua simples dimensão econômica: integração dos processos produtivos e mercados financeiros. Não só a parte se transforma no todo, como também se produz uma confusão entre ideologia e realidade, entre descrição de um determinado conjunto de fenômenos e prescrição de políticas e comportamentos a serem adotados por todos.

Nas palavras do sociólogo Pierre Bourdieu, a globalização econômica é apresentada ao mesmo tempo como uma norma, um dever ser, um destino universal em busca de adesão ou, no pior dos casos, uma resignação universal.

A descrição do processo complexo e contraditório de constituição de um campo econômico em escala mundial resvala para a prescrição de uma política, apresentada como única e inexorável, visando eliminar todos os obstáculos, barreiras e limites à unificação desse campo econômico.

Esse deslizamento do descritivo ao normativo leva a confundir a crescente interdependência dos grupos humanos com a unificação dos mercados, gerando uma espécie de Dez Mandamentos a serem seguidos por todos sob pena de condenação a um atraso irremediável. Onde antes havia busca, escolha, negociação e construção coletiva impõe-se, agora, apenas um modelo a ser seguido.

O cumprimento desses mandamentos passa a ser atribuição de um autodesignado diretório em que um pequeno número de países distribui aos demais as regras do bem governar que nem sempre eles mesmos cumprem.

Essa extraordinária concentração de poderes contradiz evidentemente todo o processo de gestação de novas formas de negociação e regulação que estavam em curso. Esvaziam-se os fóruns de interlocução.

Aos afetados pelos aspectos negativos da globalização econômica ou aos muitos por ela excluídos restaria apenas a incerteza, o sentimento de impotência e de ausência de alternativa. Desqualificação e desemprego, explosão da desigualdade no interior de cada país e em escala global, degradação ambiental, crises que se propagam como rastilho de pólvora, nada disso merece ser discutido pois "o mercado não gosta" quando se lhe quer propor regras e limites.

Lembrar o contraste entre esses dois processos — a globalização impulsionada a partir da sociedade e a globalização impulsionada por processos econômicos — é fundamental para que o conceito não seja expropriado de sua raiz histórica e que se compreenda que o termo globalização pode abrigar múltiplos conteúdos.

Não se trata aqui de mera querela de palavras. Ao enfatizar a diferença entre os conteúdos atribuídos a uma mesma palavra não se está apenas identificando os fatos que alimentam um e outro conceito de globalização. E sim dando a ver como esses diferentes conjuntos de fenômenos e processos afetam o cotidiano das populações e, por isso, terão seus destinos fatalmente entrelaçados, não podendo qualquer deles pretender a anulação do outro.

As organizações da sociedade civil já se tinham formado e experimentado na ideia e na prática da participação cidadã no plano mundial. As novas tecnologias não serviram apenas para transferir capitais nas madrugadas. Serviram também ao fortalecimento de redes de opinião, de informação e de debate.

Habituadas previamente a trabalhar em rede, essas organizações encontraram na Internet um aliado poderoso. Nela circulam também a perplexidade e o inconformismo de atores que se sentem marginalizados de processos decisórios hoje confinados no *huis clos* das conferências de cúpula.

O inconformismo emerge precisamente no ponto de articulação do espaço planetário e da revolução informática. Na algazarra em que ele parece às vezes se traduzir é possível, no entanto, identificar duas linhas de questionamento: que novas regulações são possíveis e necessárias no espaço planetário? Que novas formas de democracia alimentarão a governabilidade do planeta?

Na ausência dessas respostas e no vazio de lugares onde debater e influir nos processos decisórios, as ruas e, mais precisamente, as portas e muros blindados das conferências de cúpula se tornaram o lugar de onde gritava em aparente cacofonia o mal-estar do cotidiano.

## O vínculo político

Uma política do cotidiano: talvez seja essa a herança com que a globalização impulsionada a partir da sociedade marcou a virada do século XXI.

"Pense globalmente, mas aja localmente", preservando o meio ambiente para esta e para as próximas gerações, mas, sobretudo, garantindo, aqui e agora, uma melhor qualidade de vida. O ar que se respira, a água que se bebe, aquilo que se come, a paisagem são vistos como bens coletivos a serem preservados.

No plano mais íntimo, afirmações como "o pessoal é político" e "nosso corpo nos pertence" mudam no dia a dia a organização das famílias e dão origem a uma nova regulação da sexualidade.

Da amplitude do meio ambiente à intimidade da vida sexual, o que se gera nesses anos é o enraizamento da política no cotidiano. Emerge como ator político o indivíduo que defende na arena dos direitos coletivos a diversidade de seus interesses e especificidades. Esse indivíduo recusa a distância do poder, mediatizado por instâncias cada vez mais distantes e abstratas de representatividade, e encarna uma concepção da política que traz a democracia para a vida real, aproximando-a do dia a dia.

No entanto, esse indivíduo, formado na participação e no debate, vai ser subitamente deslocado de seu espaço como ator político. A globalização econômica, impulsionada pela integração dos mercados, dá origem a uma nova experiência da individualidade, marcada pela fragmentação. Cada um é instado a construir o que Ulrich Beck chama de "uma biografia *do it yourself*", na qual os laços tradicionais de pertencimento, família e trabalho se afrouxam.

É na vida cotidiana, no esforço de situar-se diante das relações básicas de trabalho e família que, oscilando entre as vantagens de uma maior liberdade de escolha e a perda dos pertencimentos, família tradicional, trabalho estável, o indivíduo é chamado a construir penosamente sua identidade.

Perda de controle é o sentimento que melhor define aquele momento. Daí decorrem a incerteza e a angústia diante de um futuro em que já não se pode depositar expectativas que até bem pouco tempo atrás faziam sentido: estabilidade no emprego, aposentadoria garantida, relações afetivas duradouras, enraizamento comunitário.

A literatura sobre esse momento fala frequentemente em risco. *Sociedade do risco*. A palavra risco tem uma origem curiosa. O sentido atual da palavra provém dos riscos traçados nos mapas dos descobridores, que indicavam a possível direção de um novo continente. Incerteza e imprevisibilidade ficaram, assim, impregnadas como atributos na palavra risco, da língua portuguesa, que passou para as outras línguas com essa conotação. É a essa viagem rumo a uma *terra incognita*, munidos de instrumentos precários e, dessa vez, sem comandante, mas com a esperança de encontrar um novo mundo, que os indivíduos pós-globalização estão condenados.

## Denominador incomum

Crise é uma palavra que sugere inadequação, um continente que já não suporta o conteúdo. Todos estão em crise. Uma sociedade está em crise. Crise de identidade significa que alguém já não se encontra em harmonia com o que se acreditava ser.

Uma crise de valores acontece quando as convicções que norteavam um tempo e que ainda estão presentes na memória viva já não são operacionais no momento presente. A rapidez vertiginosa de mudanças que marcam nossa época propicia essas decalagens entre o já vivido e ainda lembrado e o experimentado agora. O passado cobra então do presente uma coerência com um mundo que não existe mais.

Ora, assim como a personalidade de alguém, salvo em casos de desintegração mental, não desaparece após uma crise, apenas se transforma, assim também não se trata de um desaparecimento de valores e sim de um processo fascinante de criação, de construção de novas regras morais que não necessariamente se parecem com as que regiam um tempo passado. São uma moral codificada em novo código.

Os valores não desaparecem, continuam sendo valores, mas que vão se exprimir ancorados em outras estruturas, em códigos que serão inventados, adaptados ao novo perfil das sociedades. No momento em que esta renovação de códigos está se dando, pode-se imaginar que os valores estão simplesmente desaparecendo, sem perceber que eles estão, na verdade, sendo reescritos. O que estamos sentindo e chamando de crise de valores é o esmaecer dos valores vigentes e não uma ausência sem substituição como tenta fazer crer o pensamento conservador que sente como ameaça tudo que lhe é estrangeiro.

Em um tempo em que os interditos perdem força e em que o desejo impõe suas leis, tamanha multiplicidade de possíveis se abrem às escolhas humanas que antigas expectativas de comportamento acabam sendo sistematicamente desmentidas. No lugar de denominadores comuns em que era possível classificar as pessoas brotam denominadores incomuns, reagrupamentos insólitos, inesperados e não explicáveis pelas categorias que antes ordenavam o nosso pensamento.

O mundo em que vivemos está exigindo de cada um o extraordinário esforço de construir-se a si mesmo quando os referenciais que durante séculos estruturavam a convivência entram em evidente decadência. É o caso da família e das relações de trabalho

## O vínculo familiar

No documento final da Conferencia Mundial sobre a Mulher convocada pela ONU, em 1995, em Pequim, os delegados decidiram acrescentar um "s" à palavra família contrariando os setores religiosos — cristãos e islâmicos — que faziam frente única contra a decisão. Esse "s" se impunha porque já era, então, evidente que o mundo mudara.

Impunha-se ao debate uma constatação inegável: na vida real das sociedades já não existe um tipo único de família, constituído de pai, mãe e filhos, vivendo ao longo de toda a vida sob um mesmo teto. As novas configurações das famílias são tão várias quanto as possibilidades afetivas na vida de uma pessoa.

O número crescente de famílias compostas de filhos de várias uniões; as famílias constituídas fora do casamento; as famílias que se constituem em uniões homoafetivas, toda essa variedade acabou por acrescentar um "s" ao conceito de família, testemunhando sua atual pluralidade apesar da oposição de países e setores da sociedade sob forte influência religiosa.

Se o conceito de família passou por tamanha transformação, isso se deve em grande parte à mudança do lugar social das mulheres. Na última quadra do século XX operou-se uma ruptura de porte civilizatório: quebrou-se o paradigma que, ao longo de toda a história humana, separava o mundo dos homens e das mulheres.

O questionamento de um arcaísmo fundamental como o da hierarquia sexual não pode, porém, ser reconstituído através de esquemas explicativos ligando causa e efeito. Entrelaçam-se inovações no plano das técnicas e relações de produção, descobertas científicas e mutações tecnológicas, alterações importantes dos quadros de referencial sociocultural e emergência de novos espaços e formas de conduta que induzem à entrada progressiva das mulheres no mundo dos homens.

Até então, a inumerável multiplicidade de sociedades repetia o refrão da separação sexual como alicerce da própria cultura, espelhando e espalhando essa separação em todos os campos da experiência de cada um. Pouco importa que variassem os conteúdos do universo de cada sexo, mantinha-se o "dualismo sexualizado" que inúmeros mitos reafirmavam em linguagem simbólica e que Georges Balandier qualificou de "paradigma de todos os paradigmas".

Em meu livro *Elogio da diferença* analiso esse processo. "De geração em geração, cada sexo comprometido com um aspecto da realidade — e só com aquele — reafirmava a coexistência de dois universos, construídos separadamente e sustentados por práticas estrangeiras uma à outra. Atravessando todos os aspectos da existência — espaço, trabalho, habitação, linguagem —, a dicotomia sexual foi, ao longo da história humana, uma vivência inconfundível do fazer e do saber.

Cada fração da sociedade associou-se a uma fração do real pelo jogo das barreiras erguidas e das proibições editadas, fronteiras de seu horizonte intelectual e prático, garantindo assim a preservação da especificidade de funções e poderes.

O século XX preparou, porém, uma surpresa a essa imutabilidade. Rompeu-se uma ordem que, confundida com o senso comum, vigorou ao longo dos tempos, atribuindo ao Masculino o direito de definir o Feminino como seu avesso. Vivemos hoje o desmentido dessa ordem, o mergulho numa desordem que, paradoxalmente, é reorganizadora."

A descoberta da contracepção, introduzindo liberdade cultural onde antes só se conhecia fatalidade natural, permitiu às mulheres controlar a gravidez, o que incentivou a entrada no mercado de trabalho.

Essa brecha que se abre na existência feminina abala todo o edifício da relação entre os sexos.

A irrupção das mulheres enquanto protagonistas no mundo do trabalho se inscreve no quadro de uma alteração mais ampla, uma verdadeira crise de civilização. O paradigma da hierarquia é questionado em um de seus alicerces mais antigos e mais sólidos: a dominação das mulheres pelos homens, apoiada sobretudo na dependência econômica.

A mulher que emerge desse processo escolhe a família em que quer viver, assume a maternidade no momento em que lhe parece conveniente, exerce-a com responsabilidade, decide sobre sua sexualidade. Essa mulher garante o seu sustento, quer ter no mundo econômico os mesmos direitos e oportunidades que os homens. Sabendo-se "pedra de toque" das relações familiares, ela propõe que doravante a família seja um espaço a mais, em que homens e mulheres repartam responsabilidades.

Onde se vê o fim da família, vejo um florescer de novas famílias, novas constelações afetivas, laços de amor, que continuam a alimentar a convivência entre as pessoas. Acabou o casamento indissolúvel, casamentos desfeitos se transformam em outros casamentos, as crianças têm irmãos e meios-irmãos, todos em torno de uma mesma mesa. Homossexuais adotam filhos. Assim são as novas famílias.

Pergunte a um menino de quinze anos o que quer dizer provedor. Com toda a certeza ele dirá "um serviço da Internet" e não o homem que sustenta a casa. É que esse provedor saiu do ar, ele que garantia a primazia do homem na família patriarcal. A quebra da autoridade do pai na família não significa que não há mais autoridade, mas autoridade compartilhada entre um homem e uma mulher que dividem também as responsabilidades do sustento material e da educação afetiva.

Onde existem laços de responsabilidade e de afetividade, um espaço que abriga e protege uma criança ou uma pessoa idosa, onde adultos dividem um projeto de vida, ainda que não seja pela vida inteira, aí vive uma família. Esse espaço às vezes não é nem mesmo um espaço físico. Há casais que vivem separados. É um espaço amoroso, lá onde se aprendem e se transmitem os tais valores que o pensamento conservador acredita que não existem.

É cada vez mais frequente que alguém ao longo de uma biografia tenha experimentado diferentes situações: vivido dentro de um matrimônio tradicional e tido filhos; tendo se separado e constituído outra família, tenha tido outros filhos, não necessariamente dentro de um casamento, essas crianças constituindo uma nova espécie de fraternidade, não de sangue e sim de convívio.

Outro terá fundado uma família sem filhos. Outro, ainda, fundado uma família com um parceiro do mesmo sexo e, sob o impulso do desejo de ter filhos, adotado crianças ou recorrido às possibilidades que a reprodução assistida oferece. Em todos os casos, a situação familiar terá refletido o desejo daqueles que decidiram fundar uma família. Terá sido fruto de um exercício individual de liberdade que ganha cada vez mais corpo diante das injunções da religião e do Estado.

O fracassado projeto de, obedecendo a princípios religiosos, tentar controlar pelo Estado a intimidade dos indivíduos vai na contramão da vida real onde basta olhar em torno de si para constatar que hoje o perfil das famílias é multifacetado e os casamentos evoluem ao sabor da realidade amorosa, seja ela qual for.

A emergência dessas múltiplas configurações não implica em que o sentido profundo da família esteja em vias de extinção. As famílias continuam sendo contextos afetivos que cumprem a função de amparo mútuo e transmissão do patrimônio civilizatório, de formação e abrigo de pequenos seres humanos. Essa é a sua função insubstituível. Como é também a de garantir a sobrevivência dos mais frágeis, crianças, idosos, pessoas doentes, que nela encontram carinho e cuidado.

A liberdade, as liberdades assustam. O medo gera ódio e violência. Uma onda conservadora assola o mundo, buscando impor e congelar como modelo único o que, no seu entendimento, é uma família: um homem, uma mulher, um casamento e os filhos desse matrimonio.

Assistimos a uma investida insidiosa e perigosa do que há de mais atrasado e que não deve passar despercebida. É a manifestação violenta do medo de mudanças que atingem os fundamentos da convivência entre as pessoas, seja dentro de casa, na relação familiar ou no mundo do trabalho.

Se Igrejas ou Estado decidem se imiscuir na intimidade dos indivíduos para regulá-la logo descobrem que a pretensão é temerária porque inócua. Famílias são realidades tão complexas quanto é complexo o mundo dos afetos, ganham formas diversas segundo as circunstâncias e momentos de uma história de vida.

A tentativa de regular a vida privada impondo um modelo único de família é uma manifestação do autoritarismo cego de quem é incapaz de reconhecer que as famílias não são mais e nunca mais serão como eram. Na esfera afetiva, quem comanda é a liberdade de cada um. Negar evidências é típico da ótica deturpada pela intolerância.

Controlar a intimidade das pessoas não é uma questão de opinião. Quem não reconhece as famílias homoafetivas quer privar quem as vive dos seus direitos diante do ordenamento jurídico. Quem escolheu esse tipo de família não está privando ninguém de nada. Quem a exclui do campo dos direitos está, este sim, negando a liberdade do outro. Aceitar essa aberração seria submeter os direitos universais assegurados pelo Estado democrático à condenação do que alguns consideram um pecado.

É ilusório acreditar que políticos retrógrados possam moldar a sociedade a golpes de canetadas. A sociedade seguirá soberana moldando-se a si mesma.

## O vínculo social

As transformações que afetam emprego e trabalho — flexibilidade crescente, individualização das condições de trabalho, temporalidades móveis na vida profissional — estão abalando profundamente a estrutura social, com uma rapidez que não permite a quem sofre seus efeitos entender com clareza o que está ocorrendo. Resta apenas a sensação do chão que foge embaixo dos pés.

Com a globalização econômica e a introdução de novas tecnologias, a flexibilização da organização das tarefas e dos postos de trabalho tornou-se lugar-comum nas empresas. Quem trabalha não pode esperar fazer a mesma coisa, nem estar na mesma empresa por muito tempo, o que implica em uma formação diferente daquela baseada na especialização profissional. A capacidade de adaptação a mudanças constantes é o cerne dessa formação.

Os valores que comandam o mundo do trabalho são, hoje, a inovação, a flexibilidade e o risco. Os trabalhadores já não se definem por uma profissão que exerceriam ao longo da vida inteira, mas por conhecimentos, saberes que se renovam no dia a dia. É esse capital de aptidões e competências que permite passar de um emprego a outro, de um tipo de trabalho a outro, segundo a oferta de postos, numa dinâmica que nada mais tem a ver com o emprego permanente ou em tempo integral que, no entanto, ainda está vivo na memória de uma boa parte da população assalariada.

A revolução industrial separou o trabalhador de seu produto, mas a mutação que vivemos hoje vai mais longe, dissolve a identidade que permitia a constituição de associações e sindicatos. Hoje os assalariados desligam-se progressivamente das identidades que haviam elaborado durante mais de um século, ao mesmo tempo que desaparece a rede de instituições sociais que lhes dava uma certa segurança. "Desaparece o laço social que se criava pelo emprego e por tudo que se organiza em torno dele: o grupo de colegas, o bar que se frequenta na saída do trabalho, o sindicato, a carona no carro, tudo isso tornou-se permanentemente temporário, como o próprio trabalho", descreve bem Martin Carnoy. Assim como se processam mudanças na estrutura do trabalho, também ocorrem mudanças na oferta de empregos disponíveis.

Manuel Castells, analisando o impacto das novas tecnologias e da globalização econômica no mundo do trabalho, reconhece que essa desqualificação constitui-se em um problema de imensa envergadura, espécie de núcleo estratégico cuja solução poderá vir a representar um salto considerável na história da humanidade ou, contrariamente, uma tragédia encenada na exclusão pela desqualificação dos menos capazes de se reciclar.

É que as novas tecnologias são uma faca de dois gumes. Por um lado é evidente que o acesso e uso das tecnologias de informação e comunicação são pré-requisitos para o desenvolvimento econômico e social no mundo contemporâneo, equivalente ao que foi a eletricidade para a era industrial. Por outro lado, provocam um atraso cumulativo, sobretudo porque a capacidade de entrar na era da informação depende da capacidade de cada um de se educar e assimilar complexos processos de informação.

Na verdade somente aqueles capazes de se reprogramar e refazer em permanência suas trajetórias profissionais e existenciais estão aptos a colher os benefícios dessa nova era. Os outros dependerão, para garantir seu futuro, de estratégias de requalificação das empresas, uma imensa operação de repescagem dos que estão soçobrando em um mundo revolucionado por instrumentos que não dominam. O que torna estratégica a articulação entre formação e empregabilidade, dando à educação um status prioritário na manutenção dos vínculos sociais.

A tecnologia da informação e da comunicação é a ferramenta essencial para o desenvolvimento econômico e o bem-estar material de nossa era; ela condiciona o poder, o conhecimento e a criatividade; encontra-se, por enquanto, desigualmente entre as pessoas. Requer, para a realização plena de seu valor de desenvolvimento social, um sistema inter-relacionado de organizações flexíveis e de instituições voltadas para a informação. Em suma, o desenvolvimento cultural e educacional condiciona o desenvolvimento tecnológico, que condiciona o desenvolvimento econômico, que condiciona o desenvolvimento social, que por sua vez volta a estimular o desenvolvimento cultural e educacional.

Mas o problema pode ser de enfrentamento ainda mais difícil. Espantosas inovações tecnológicas — automação, inteligência artificial, biotecnologias — não só desqualificam mão de obra como também destroem empregos numa velocidade vertiginosa. Muitos desses empregos não voltarão.

Um novo mundo que se instalou está abolindo os empregos e é ele que instaura a competição selvagem, o vale-tudo entre os que lutam para conseguir esse sonhado emprego, que ele aboliu. Todos lutam por um lugar ao sol no mundo do trabalho, mas esse mundo precisa cada vez de menos gente.

Os empregos desaparecem sem prejuízo da produção que se desenvolve prescindindo do trabalho como o conhecíamos até hoje. O trabalho de produção material, mensurável em unidades de produto por unidade de tempo, está sendo substituído pelo trabalho chamado imaterial.

A criação de riquezas dependerá, cada vez menos, do tempo e da quantidade de trabalho fornecida e, cada vez mais, do desenvolvimento da ciência e da tecnologia, da inteligência, da imaginação e da criatividade que contam muito mais do que o tempo das máquinas.

Frente a este tsunami de pouco adiantam os remédios tradicionais de combate ao desemprego: ajuda estatal, programas de requalificação de mão de obra. Esses paliativos funcionam quando o desemprego é cíclico. Ele está se tornando estrutural.

As mudanças no universo do trabalho são fonte de angústia permanente. Em menos de vinte anos, as sociedades deixaram de se preocupar com o pleno emprego para declarar o fim da sociedade salarial, dos empregos fixos e desafiar cada indivíduo a melhorar a sua empregabilidade. Artifícios de linguagem transformam o desemprego em deficiências na empregabilidade. Se você está desempregado a culpa não é de uma mutação da economia, a culpa é sua que não soube se qualificar e manter essa qualificação atualizada.

O indivíduo é confrontado a si mesmo, juiz e réu de seu sucesso ou fracasso. Designado como seu próprio empresário, sua vida se transforma rapidamente em uma permanente atividade econômica, permanente venda de si mesmo como seu melhor produto. Se esse produto encalha, se ninguém o compra, a depressão se instala.

André Gorz, um brilhante pensador que marcou o fim do século XX, em seu *Misérias do presente, riqueza do possível*, faz um retrato preciso desse tempo em que cada um deve se sentir responsável pela sua saúde, sua mobilidade, sua disponibilidade para horários variados, pela atualização de seus conhecimentos. Deve gerir seu capital humano, ao longo da vida, investindo sem parar em estágios de formação e entendendo que a possibilidade de vender sua força de trabalho depende do trabalho gratuito, voluntário, invisível pelo qual ele a manterá sempre renovada.

As empresas tiram de sua responsabilidade os seguros de saúde, as aposentadorias, os custos com a formação permanente e absorvem apenas um pequeno núcleo de funcionários enquanto a massa dos que foram um dia assalariados, jogados na selva da concorrência, aceita a transformação de todos os aspectos de suas vidas em negócio, em venda de si mesmos, limitando suas exigências, aceitando a ampliação de seus investimentos em responsabilidade e tempo, submissos às regras da concorrência.

Qualquer jovem que tenta um lugar nesse mercado de trabalho lhe dirá que aceita trabalhar catorze horas ou ser transferido de cidade, porque se não o fizer "outro aceitará".

Muitos explicarão que seu lazer, as pessoas com quem saem para jantar, os livros que leem, tudo está voltado para um projeto de produção de si como empresa, voltada para o aumento do seu valor como produto, excluídas as atividades gratuitas ou as relações que não aumentam o seu valor de venda. O espaço da privacidade encolhe enquanto avança o tempo dedicado a melhor situar-se diante dos concorrentes.

A lógica econômica se instala não mais nos espaços onde se ganha a vida, se estende ao conjunto da vida. Pouco a pouco ela vai se tornando o sentido da vida e consagra, assim, uma derrota que se apresenta como vitória, como sucesso, insidiosa, instalada no desejo de cada um como se fosse autêntico.

Pergunte-se ao mesmo jovem que aceita trabalhar catorze horas por dia, o mesmo que não protesta porque outro virá que ocupará o seu lugar, pergunte-se por que tolera a exaustão. A resposta será sempre algo parecido com "para manter o meu padrão de consumo". Uma mudança sutil se operou nessa expressão que antes se formulava como padrão de vida. Vida já não é mais a palavra adequada, porque viver pode ser muitas coisas diferentes.

Gorz lança o desafio da reapropriação do trabalho, pensando nele não mais como o emprego que não temos, mas como aquilo que fazemos, por escolha, e que nos dá prazer. Consumindo menos, talvez, ou de maneira diferente. Extraindo prazer não mais da condenação em massa aos modelos pré-fabricados pela publicidade, mas da individualidade reconquistada. Preocupados não mais com o pleno emprego e sim com a vida plena. O trabalho, há que encará-lo de outra maneira. Parar de pensá-lo como o trabalho que não temos e sim como aquilo que fazemos e que dá sentido a nossa vida.

Os escravos do tempo, os que perderam o controle sobre suas vidas, são personagens estranhos. Poderiam ser confundidos com operários do século XIX, sujeitos a horários de trabalho extenuantes, por isso mesmo identificados como oprimidos. Paradoxalmente, ostentam grifes e carros luxuosos. O consumo como meta repousa sobre uma descoberta elementar que é o princípio fundador do império do marketing: as necessidades têm limites, o desejo não.

## Do indivíduo ao sujeito

Um dos aspectos positivos mais enfatizados no debate sobre a globalização é o aumento da margem de escolha pessoal para os indivíduos sobre os quais pesam muito menos, hoje, as tradições que costumavam reger e ditar a biografia de cada um. A sociedade já não se apresenta como um dado, no qual os indivíduos se devam encaixar, atendendo a perfis preestabelecidos. Existe a possibilidade de construção de um percurso individual, em que as expectativas em torno desses perfis sejam substituídas por escolhas pessoais, reinterpretações e inovações.

Esse tema da substituição do dado pelo construído é largamente explorado por Anthony Giddens, que situa nesse processo uma das mais significativas transformações que a globalização trouxe ao cotidiano dos indivíduos. Ulrich Beck retoma o tema por outro ângulo. Concordando com Giddens sobre o fenômeno da individuação, pousa sobre ele um olhar mais melancólico, talvez mais matizado e mais próximo da realidade. Beck afirma que foi a globalização que ditou para cada indivíduo a necessidade de escrever sua própria biografia. O que não é tarefa fácil.

> A ética da satisfação e realização do indivíduo é a corrente mais poderosa na sociedade moderna. A tarefa de escolher, decidir, moldar o ser humano que aspira a ser o autor de sua própria vida, o criador de uma identidade individual, é a marca central de nosso tempo. Caem por terra as tradições constritivas e entram em cena as diretrizes institucionais para organizar a vida dos indivíduos.

> A diferença qualitativa entre as histórias de vida tradicionais e as modernas não é, como muitos presumem, que nas antigas sociedades hierárquicas e agrárias controles asfixiantes restringiam ao mínimo o comando do indivíduo sobre sua vida, enquanto que hoje em dia quase nada subsiste dessas restrições. Na verdade é na selva burocrática e institucional da modernidade que a vida está mais fortemente presa a redes de prescrições e regras.

Beck parece mais atento às consequências ambíguas dessa centralidade do eu. Se por um lado ela traz consigo liberdade, traz igualmente um considerável coeficiente de desamparo. Em seu ensaio "Sobre a mortalidade da sociedade industrial" o lado sombrio da individuação é destacado: "O que emerge do declínio das normais sociais é um ego solitário, amedrontado e agressivo, em busca de amor e acolhida. Na busca por si mesmo e por uma sociabilidade afetiva, ele facilmente se perde na solidão do seu eu."

Zygmunt Bauman, em *Modernidade líquida*, ecoa as reflexões de Beck:

> Hoje como antes — tanto nos fluidos e leves estágios da modernidade quanto nos sólidos e pesados —, a individualização é um destino, não uma escolha. A maneira pela qual cada um vive é uma tentativa de dar uma solução biográfica a contradições sistêmicas. Riscos e contradições são socialmente produzidos. É a obrigação de lidar com eles que foi individualizada.

Embora não negue em momento algum que o processo de individuação seja real, acreditando mesmo que ele tenha vindo para ficar e que toda reflexão sobre o impacto desse fato na nossa maneira de conduzir nossas vidas deva começar pela admissão do fato, Bauman suspeita que esse processo seja um presente de grego (*timeo danaos et dona ferentes*), porque traz consigo a tarefa de lidar sozinho com as suas consequências. A grande contradição estaria no abismo entre a capacidade de se autodefinir e a capacidade de controlar os fatos sociais que tornam essa autodefinição factível ou irrealizável.

A outra face da individuação é, no pensamento de Bauman, a corrosão e lenta desintegração da cidadania. O cidadão é a pessoa que estabelece um vínculo entre o seu bem-estar e o bem-estar da coletividade, enquanto que o indivíduo tende a ser reticente sobre as causas de interesse comum.

Essas correntes de pensamento vêm se contrapor a uma certa ingenuidade com que se fala da individuação o sinônimo da liberdade. Embora Giddens tenha razão quando diz que "o indivíduo não tem outra escolha senão escolher", essas escolhas podem ser bem mais triviais do que realmente significativas. Podem "ser uma escolha entre diferentes marcas ou imagens pré-fabricadas de si", como sugere Alain Touraine. A menos que esse indivíduo se torne mais do que um indivíduo — um sujeito — capaz de recusar a vasta gama de imagens pré-fabricadas que não faltam nos balcões da propaganda e do marketing.

Se as estruturas tradicionais já não oferecem um quadro de referência, espelhos em que a imagem já estava impressa antes mesmo que os indivíduos neles se mirassem, o desafio que se coloca hoje ao indivíduo não é tanto, ou pelo menos não somente, existir para si mesmo, construir uma identidade, mas construir um sentido. Conferir um sentido à vida, agenciar os fragmentos, construir figuras coerentes e dar-lhes a beleza, a transparência e a luminosidade de um vitral, é obra de artista. O que não se faz sozinho, senão com aqueles empenhados na mesma busca de sentido.

## Do sujeito ao cidadão

A aguda observação de Bauman sobre o quanto é contraditório liberar-se dos constrangimentos da tradição, conquistar uma liberdade individual e ao mesmo tempo exercer essa liberdade em um contexto sobre o qual não se tem controle algum nos traz de volta às primeiras reflexões deste livro.

O mal-estar que vem alimentando e engrossando as fileiras dos descontentes com a globalização tem a ver precisamente com essa contradição: o indivíduo se fortalece ao mesmo tempo que o cidadão perde controle sobre o sentido de sua vida e tem assim a sensação ou mesmo a experiência de perda da condição de sujeito.

É na busca do sentido no seu exercício como sujeito — o que implica identificações afetivas, intelectuais, afinidades políticas — que os indivíduos estão medindo o grau de impotência a que são reduzidos pela concentração de poder decisório e pela ausência de instâncias de participação, que redundam na perda do vínculo político.

As vantagens inegáveis de viver uma vida marcada por suas próprias escolhas só fazem reforçar nos indivíduos exigências de poder sobre seus destinos. Torna-se incompreensível para eles que o preço a pagar por suas definições quanto à sexualidade, ao amor, à profissão, a maneiras de organizar o tempo seja a renúncia à gestão dos interesses coletivos, até mesmo planetários, de que vinham participando antes que a globalização econômica atravessasse os processos que alimentavam a globalização social e política.

A globalização tal como vivemos hoje, em cada aspecto que é analisada, revela duas faces, coloca problemas, desafia soluções.

O espírito da globalização social e política era exatamente o de reconhecer, equacionar e tentar soluções negociadas. Essa gigantesca ambição que se anunciava como o projeto global para o século XXI, a fundação do mundo, perdeu seu caráter de cidadania e deu em troca, aos cidadãos do globo, o direito à individualidade, à autoria do destino individual, ao preço do desengajamento político em escala global.

É essa oferta que não está sendo comprada no mercado das ideias.

Os defensores do livre mercado sabem melhor do que ninguém que, para além dos esforços da propaganda, quem decide o futuro de um produto é o consumidor. Apesar dos imensos esforços de propaganda ideológica que, da cultura de massas às elites universitárias, vem tentando convencer de que vivemos no melhor dos mundos, a individualidade como destino e a despolitização no sentido de afastamento dos interesses coletivos começam a encontrar uma oposição significativa, em nome do exercício da condição de cidadão.

Entre o indivíduo e o cidadão emerge mais uma vez o sujeito. Aquele cuja individualidade não se curva às injunções coletivas, mas tampouco renuncia aos problemas da coletividade como problemas seus.

Este, o sujeito, capaz de pensar para além de sua própria vida, será o ator mais necessário nessa prodigiosa mudança de era. Ele pode operar, no quadro da globalização, tirando proveito de suas vantagens e trabalhando na solução de seus problemas, a mais que necessária passagem do indivíduo ao cidadão, reforçando a cidadania sem prejuízo da individualidade.

É ele que vai colocar as questões do mundo contemporâneo: que novas regulações são possíveis e necessárias no espaço planetário, que novas formas de democracia alimentarão a governabilidade do planeta?

O secretário-geral da ONU, encerrando seu discurso na Assembleia do Milênio, lembrou que nada seria mais obsoleto hoje do que pensar em um governo mundial. As Nações Unidas não são candidatas a representar esse papel, sobretudo em um tempo em que a ideia mesma de um governo no interior das nações se abre aos diferentes atores da sociedade e a questão passa a ser inventar mecanismos democráticos de governabilidade.

Kofi Annan concluiu invocando o começo da Carta das Nações Unidas, "*Nós, os povos*", e desejando que a ONU se constitua em um espaço onde os povos debatam e negociem as grandes questões sobre as quais se baseia o futuro.

Só esses novos mecanismos de governabilidade, a serviço de uma democracia planetária, pensados e instituídos por indivíduos que são sujeitos e cidadãos, poderão servir de arcabouço à grande aventura do século XXI, a fundação do mundo.

## O inesperado

Duas décadas se passaram do momento de esperança que inspirou a redação deste texto. Na virada do milênio os mais otimistas previam uma marcha triunfante da democracia em escala global. Os mais arrogantes apregoavam que estávamos às portas do fim da história.

Tanto maior a ilusão, tanto maior o choque da realidade. A história, já deveríamos saber, é uma ciência altamente inexata.

Esperávamos a extensão ilimitada das liberdades, o fortalecimento de uma governança democrática global, a afirmação de um ponto de vista da humanidade no enfrentamento dos problemas transnacionais, e eis que estamos diante de um duplo fenômeno: a crise da democracia na Europa e nas Américas, lá justamente onde ela estava mais profundamente enraizada, e o fortalecimento de regimes autoritários em outros continentes, a exemplo da China, Rússia, Turquia.

Nada mais equivocado que projetar o futuro a partir do presente. A história não é linear, os avanços coexistem com os recuos, sobrevém o inesperado, não o previsto.

No ano 2000 quem poderia imaginar que as políticas do medo, do ódio e do ressentimento determinassem o resultado de eleições em países tão diversos como Estados Unidos, Reino Unido, Itália, Polônia e Brasil?

O cerne deste medo reside nos domínios profundos da identidade e da sexualidade, a liberdade de cada um de ser o que é e a agressividade que a liberdade assumida e exercida por tantos provoca em outros tantos que têm medo de sua própria liberdade.

Também é fato que a democracia representativa é cada vez mais vista como um sistema elitista, corrupto e disfuncional. No centro desta crise está o hiato crescente entre as aspirações das pessoas e a capacidade das instituições políticas de responder às demandas dos cidadãos.

Na Europa e nos Estados Unidos um número crescente de pessoas estão convencidas de que os governos são incapazes de proteger o cidadão comum e a nação dos efeitos negativos da globalização: perda da soberania nacional, imigração clandestina, terrorismo, estagnação econômica, desemprego.

No Brasil, a indignação diante da corrupção, a exasperação com o crescimento incontrolado da violência e a piora nas condições de vida abriram caminho ao autoritarismo.

O mal-estar, a desesperança, a rejeição do outro, o medo do futuro alimentam uma tendência regressiva. Estamos no olho do ciclone. Valores e conquistas estão sob ataque, mas não estão perdidos.

Não se trata apenas de um inventário de perdas, de uma onda irresistível que só irá se espraiar. Não, trata-se de um embate, de um enfrentamento entre liberdade e repressão, democracia e autoritarismo, futuro e passado.

Os arautos do fim da história foram desmentidos pelos fatos. Os autoritários de hoje também se iludem ao pensar que a onda conservadora vai durar para sempre.

Estamos no labirinto, mas, nele, os caminhos sempre se bifurcam. Se os partidos estão em crise, se os políticos estão desmoralizados, se a democracia representativa parece incapaz de responder às expectativas das pessoas, se a construção da Europa está ameaçada e a ONU enfraquecida pelo nacionalismo e o populismo, a democracia no cotidiano resiste, novas vozes se fazem ouvir.

O déficit de confiança nas instituições coexiste com a emergência de cidadãos que defendem a liberdade, não como conceito abstrato mas sim como escolhas de vida. Novas formas de comunicação e intervenção no espaço público ocupam o proscênio. Retoma-se o fio da história. A sociedade planetária tão sonhada vinte anos atrás ressurge em movimentos globais que defendem valores antiautoritários.

Uma surpreendente e avassaladora onda de protestos populares surgiu em lugares tão improváveis quanto Hong Kong, Beirute, Bagdá, Cartum, Argel, Quito e Santiago do Chile. Há uma insopitável revolta no ar contra todo tipo de iniquidade.

E ainda mais determinante para o futuro é o crescente protagonismo dos jovens e das mulheres, duas imensas "maiorias globais", mobilizadas em torno a causas como o combate à violência de gênero e ao aquecimento global em que está em jogo a civilização.

Trump mal saíra do seu baile de posse estilo anos 50 e as mulheres do século XXI já estavam nas ruas anunciando que resistir é preciso. A Marcha das Mulheres que se espalhou por centenas de cidades americanas e do mundo foi uma irrupção do inesperado. Pelo seu porte, uma surpresa, até mesmo para quem a convocou. E uma aula de democracia contemporânea, do modo de fazer política em tempos de Internet quando cada um joga no mundo sua convocatória. Uma advogada aposentada criou um perfil no Facebook convocando a marcha. Recebeu uma avalanche de adesões. A indignação individual floresceu em ação coletiva.

Não foi diferente com o movimento #MeToo. As mulheres sabem o que querem e o que não querem, falam com voz própria, afirmam o direito sobre seu próprio corpo e desejo, denunciam e exigem a punição de espancadores e estupradores. A reação contra a violência vai das piadas obscenas aos gestos agressivos, dos insultos e ameaças às agressões físicas, ao estupro e ao feminicídio.

As mulheres aprenderam o direito de escolha vivendo fora da moldura. Quebraram um paradigma milenar. O tempo presente é o da crise da identidade masculina. A recusa pelas mulheres do assédio sexual põe na ordem do dia a exigência incontornável da reinvenção pelos homens da identidade masculina, que já não encontram nelas um espelho que aprove seus pensamentos, aplauda suas palavras e se submeta aos seus desígnios.

O caminho das mulheres foi da submissão à liberdade. Enquanto elas se reinventavam muitos homens persistiam em agir como sempre tinham agido. Trata-se agora, para eles, do caminho difícil que é reconhecer a perda de poder sobre as mulheres e construir uma nova identidade que não seja baseada na dominação. Aceitando essa perda, ganham a oportunidade de uma relação inédita entre pessoas diferentes e iguais em liberdade e dignidade.

As mulheres e os jovens foram os primeiros a protestar defendendo seus direitos em nome da civilização por quem se sentem responsáveis e em nome da qual querem assegurar o futuro do planeta.

Os jovens são especialmente sensíveis à degradação ambiental, pois não haverá futuro possível sem uma mobilização mundial imediata para deter o aquecimento global. "Não temos mais tempo" é o refrão de Greta Thunberg que ecoa na mente das pessoas, sacode as ruas e invade os corredores do poder. A crise climática não é apenas sobre o meio ambiente. É uma crise sobre a governança global e a incapacidade das lideranças políticas de responder a uma situação de urgência tão óbvia que qualquer criança entende.

As mulheres e os jovens em movimento são como a floresta que assombrou Macbeth. Arrastam multidões. Não há melhor exemplo de novos atores, que são indivíduos, sujeitos e cidadãos.

# ESTRANHA FORMA DE VIDA

Vivemos mergulhados em modos de vida que se instalam, imperceptíveis. São tiranos que nos governam e sua lógica nos escapa. Não são a construção diabólica de ninguém, balizam o cotidiano pela acumulação e conjunção de fatores que parecem isolados, mas interagem e acabam por provocar uma consequência que, de fato, ninguém queria. Esses fatores se retroalimentam contribuindo para alimentar um dia a dia insustentável, corrosivo da qualidade de vida.

O mais poderoso tirano é o tempo. O tempo é o meio ambiente impalpável onde nossa vida evolui. A relação com o tempo é, nesse sentido, uma relação ecológica, marcada no mundo contemporâneo pela poluição das horas. Temos relógios cada vez maiores e mais caros, mas ninguém tem tempo.

Essa constatação levou o filósofo Michel Serres a propor que renunciássemos a comprar relógios e guardássemos o tempo. Afinal, na vida de cada um, o tempo é um recurso não renovável e, como tal, de alto valor. Porque o homem mais rico do mundo não compra tempo, a morte não vende.

Nos anos 1970 do século passado, o Clube de Roma, que reunia cientistas, empresários e intelectuais, introduziu nos espíritos a noção de limite. Os recursos da terra não eram inesgotáveis nem todos renováveis. Uma reviravolta na autoimagem de uma humanidade arrogante que se acreditara até então a solução de todos os problemas e, atônita, se descobria ela mesma como problema.

De lá para cá os desequilíbrios ecológicos entraram na agenda científica e política e, pouco a pouco, na consciência das pessoas, trazendo os questionamentos que hoje são banais. Sustentabilidade virou uma questão central para a atividade das empresas, para a economia dos países, para a resiliência das sociedades. A frequência de eventos extremos espalhados pelo planeta, indicadores de alterações climáticas, se impôs como prioridade na agenda global.

Curiosamente, essa noção de limite não chegou à vida cotidiana sob forma de cuidado com esse recurso não renovável que é o tempo de cada um.

Tratamos o nosso tempo como tratávamos a natureza, no marco da predação, como se a vida e as energias humanas fossem infinitas. Uma maneira ingênua de acreditar na imortalidade. Insistimos em viver vidas insustentáveis.

O paradigma da onipotência e da falta de limite, o pressuposto de energias inesgotáveis contaminou o cotidiano de todos e se traduz na oferta e consumo de uma multiplicidade descontrolada de vidas que não cabem e transbordam das 24 horas do dia. O presente está transbordando no amanhã. Essas muitas vidas são cada vez menos viváveis e compatíveis.

Nos centros urbanos há uma indiscutível aceleração na maneira como estamos vivendo, já detectada por vários analistas do contemporâneo, a exemplo de Paul Virilio. Instalou-se a tirania da pressa. Embora a duração da vida humana seja cada vez mais longa, as horas são percebidas como cada vez mais curtas.

Se o tempo subjetivo permite a ilusão da imortalidade, o tempo objetivo é essa sucessão de *agoras* em que a comida esfria, a pele enruga, os cabelos embranquecem e a qualidade de vida se deteriora. O velho ditado "a pressa é inimiga da perfeição" foi virado pelo avesso. Agora nada é perfeito se não for rápido.

A aceleração, o fenômeno contemporâneo mais vivenciado e menos compreendido, permeia o cotidiano como um destino coletivo e provoca reações ambíguas. De um lado o sentimento lúdico de concorrer consigo mesmo e ganhar o jogo de multiplicar atividades ao longo das inarredáveis horas de um dia. Do outro o sentimento de esfacelamento, de nunca pousar em nada, vivendo uma temporalidade de *zapping*. Em nosso espírito sobrecarregado uma atividade deleta a outra e banaliza todas.

Estamos vivendo uma mudança de era em que a aceleração do tempo reconfigura dimensões tão essenciais da vida como o trabalho ou as relações de amor e de amizade. Esses sentimentos, que amadureciam respeitando o tempo da convivência, encolheram em relações virtuais, deletáveis e indolores.

Tampouco percebemos, na impaciência que nos ataca quando um clique não provoca imediatamente o resultado esperado, uma espécie de regressão infantil, resquício do tempo em que a criança quer tudo e agora. Corre a lenda que em Hong Kong o botão mais usado no elevador é o que fecha as portas, ganhando-se uma infinitesimal fração de segundo.

A panóplia tecnológica, celulares e computadores, Google em particular, nos habituaram a receber respostas imediatas a qualquer pergunta que um ser humano possa inventar. Qualquer falha de conexão é vivida como uma frustração intolerável. Instaurou-se uma relação perigosa entre informação e conhecimento. A informação estocada que pode a qualquer momento ser acessada não precisa ser lembrada, transformar-se em conhecimento. Em seu sábio *O livro das ignoráças*, Manoel de Barros sentencia: "As coisas me ampliaram para menos."

Igualmente frustrante é, sobretudo para os jovens, o ritmo de filmes de dez anos atrás. Hollywood adotou a estética frenética dos clips de publicidade em que a mensagem deve passar em trinta segundos.

Na linguagem escrita, o despotismo da rapidez se exerce de maneira ainda mais evidente. A carta tornou-se um objeto impensável abduzida no SMS e na mais perfeita expressão da rapidez como valor, os 140 toques do Twitter.

A economia tampouco escapa do reino da urgência. Na era industrial fazer um produto e colocá-lo à venda no mercado demandava um tempo incontornável de confecção. A produção industrial impunha os ritmos da transformação da matéria. Os chamados produtos financeiros, porque imateriais, são de confecção instantânea, as fortunas que nele se fazem são meteóricas. O exemplo dos meninos de vinte anos que na NASDAQ ficaram os mais ricos do mundo excita o imaginário coletivo.

A aceleração que até aqui foi motor de progresso atinge agora um momento em que pode se transformar em retrocesso. A cultura do instantâneo, do eterno presente, da rapidez e da obsolescência, seja da atenção imediata, seja dos afetos, não favorece o reconhecimento e a solução de problemas que se estendem no longo prazo.

Que mentes viciadas na rapidez e na satisfação instantânea serão capazes de equacionar um problema que se anuncia em décadas e cuja solução exige, hoje, renúncias em nome do amanhã, como é o caso das mudanças climáticas? Elas esbarram no paradigma do eterno presente. A panóplia tecnológica não resolve a deriva dos polos, a desolação das florestas amputadas, a morte do mar e outros flagelos que muitos reconhecem como ameaça futura, mas cujos sinais já se fazem claramente sentir. A complexidade destes problemas exige um saber que vai muito além da pletora de informações.

A velocidade que rege nossos dias é percebida por todos sem que por isso se perceba por quais mecanismos ela se instalou. Os instrumentos hoje indispensáveis da vida cotidiana como celulares e computadores são, obviamente, determinantes nesse ritmo frenético. Tome-se o exemplo do Google, uma plataforma de acesso gratuito que se remunera graças à publicidade. Ela só obtém publicidade se garantir a atenção dos milhões de utilizadores de seus serviços.

O que está em jogo é a capacidade de capturar nossa atenção pelo maior tempo possível. A atenção dos consumidores é um bem muito mais precioso do que seus dados pessoais cuja venda tem sido amplamente denunciada e constitui um dos mais graves atentados à democracia quando servem, em eleições, para a lavagem cerebral dos eleitores.

Nossa atenção, que vale ouro, é captada trazendo a informação até nós. Qualquer Smartphone que trazemos no bolso ou na bolsa tem uma capacidade informática maior do que a dos computadores que levaram o homem à Lua, meio século atrás. Consultá-los constantemente é um vício e eles respondem a essa fidelidade fornecendo informações a uma rapidez que começa a ultrapassar a capacidade de processamento do cérebro humano.

As plataformas de informação disputam entre si nossa atenção fazendo a informação cada vez mais instantânea. Curiosamente, ao mesmo tempo que buscamos novas informações sobre um determinado assunto, rapidamente nos desinteressamos dele e passamos para outro, o que as obriga a captar nossa atenção com uma rapidez cada vez maior.

Se você acha um vídeo no YouTube, imediatamente outro lhe é proposto e esse mecanismo de proposição permanente de produtos não visa necessariamente o consumo de tal ou qual produto e sim a retenção de nossa atenção e a permanência sobre aquela tela. O incentivo permanente a ver toda uma pletora de vídeos vinculados aos interesses de cada um é mais um recurso para capturar e fidelizar nossa atenção. O objetivo é vender a quem compra publicidade o tempo livre do consumidor de informação.

Cada vez mais gente se dá conta do tempo que passa entre as telas do computador ou do iPhone sem que saiba exatamente por que passou todo esse tempo ali. Pais e professores estão cada vez mais preocupados com a relação constante das crianças e adolescentes com as máquinas sem perceber que esse é também um problema dos adultos e que não se dá espontaneamente.

Essa captura e a retenção da atenção são alimentadas por uma estratégia cientificamente informada pelos conhecimentos da psicologia comportamental e agora da inteligência artificial aplicados ao mundo dos negócios que distribuem informação.

Um círculo vicioso infernal se instala. Quanto mais nos viciamos na aceleração, mais nós mesmos não conseguimos ver um vídeo até o fim, menos ainda ler um livro e passamos a acelerar nós mesmos o ritmo das visualizações, como drogados que necessitam de cada vez mais droga para produzir o mesmo efeito.

É cada vez menor o tempo que levamos entre o acordar e consultar o WhatsApp ou o Facebook. Quem ainda se envergonha de consultá-los durante um jantar?

Escapar desta teia, que ao mesmo tempo nos enreda e em que nos enredamos, exige que sejamos capazes de recuperar o espaço mental indispensável para que o imaginário se desenvolva por si mesmo e ao seu próprio ritmo. Submetidos a uma overdose de informação, precisamos do equivalente a uma desintoxicação. Não é só o nosso tempo, é também o nosso cérebro que está sendo invadido.

## Os tempos que correm

Com grande poder antecipatório, o grande T. S. Elliot se perguntava: "Onde está a sabedoria que se perdeu no saber? Onde está o saber que se perdeu na informação?" Nessa corrida demencial dentro do exíguo tempo de nossas vidas, pergunto: Os tempos que correm, correm para onde?

A pergunta é pertinente quando se instala a contradição entre os instrumentos do bem-estar e o real bem-estar, minando a qualidade de vida de todos.

Na medida em que todos querem rapidez, ninguém se mexe. Os engarrafamentos que paralisam as grandes cidades e que pioram a cada dia são o sintoma mais visível desse paradoxo. Quem sonhou ter um carro anda hoje nas grandes cidades na velocidade de um lombo de burro. E, pior, envenena o ar que todos respiram.

No plano da psicologia individual, a corrida contra o tempo é o *leitmotiv* da vida urbana. Dorme-se pouco, come-se rápido, fazem-se várias coisas ao mesmo tempo — cozinhando, vê-se televisão e fala-se ao celular —, estratégia batizada de multitarefas. O sociólogo alemão Hartmut Rosa, autor de *Aceleração: a transformação das estruturas temporais na modernidade*, apoiado em estatísticas, constata que a depressão tornou-se uma doença urbana globalmente epidêmica. Na origem, a fome de tempo.

A obviedade, constantemente repetida, de que as novas tecnologias aceleram o ritmo do cotidiano encobre o fato que elas nascem de um fascínio pela rapidez que sempre fez parte das ambições humanas. O e-mail, sublime invenção, tornaria a comunicação mais rápida se o volume da correspondência se mantivesse estável. Porque mais rápida, cresceu exponencialmente. E a aceleração continua com as ubíquas postagens que não nos deixam tempos mortos.

Quanto mais esse fascínio pela rapidez é satisfeito, mais nos aproximamos de seu limite fatal, o esgotamento das 24 horas do dia, não só em sua dimensão de tempo em que se acotovelam atividades desejadas e tarefas a cumprir como também em sua dimensão de esgotamento psicológico, a capacidade humana de absorver e processar informação.

A Internet propicia a presença simultânea em uma infinidade de universos, uma vivência múltipla e sem continuidade. Se por um lado isso abre horizontes, informa e diverte, por outro provoca uma indigestão mental e se constitui simplesmente em um vício. Para esses, já está à venda um aplicativo que bloqueia o uso da rede depois de um tempo determinado.

Ver no telejornal as imagens de um show de rock enquanto corre embaixo da tela uma legenda noticiando a descoberta de centenas de corpos mutilados na Síria exige uma inusitada negociação de sentimentos. Instala-se uma não discriminação que tudo aplaina.

Canais de informação dividem suas telas em quatro para multiplicar a possibilidade de imagens e dados. Assim esperam acompanhar a performance das bolsas cuja unidade medida é o tempo real. Esse exemplo flagra a força do princípio de competição, pano de fundo da aceleração.

Esse princípio que inspira a economia se alastra pelo conjunto da vida: a luta pelos empregos, pelos bens de consumo, pela posição social. Como o competidor não dorme, para ser competitivo há que ser insone. Como na prova de esforço, corre-se cada vez mais para não sair do lugar. Quem não aguenta o ritmo, enfarta ou surta.

Não se trata de demonizar a tecnologia que, indiferente, serve ao que as sociedades definem como necessidades. São instrumentos adaptados ao desejo de aceleração que todos, aprendizes de feiticeiro, imprimimos ao cotidiano.

Depressões epidêmicas são sintomas de uma mesma disfunção, do esgotamento de um modo de vida a ser repensado, com a cabeça no futuro, sem saudosismos. E não comprado como o melhor dos mundos possível, que não é.

## Triste alegria

Como produtos atraentes que se alternam nas vitrines, o que se oferece aos consumidores de múltiplas vidas é um mundo só de sorrisos, de objetos reluzentes e símbolos de sucesso. A cada um seu conto de fadas em que ninguém encontra nem madrasta nem lobo mau, um mundo plano e unidimensional.

Ser ou estar triste neste mundo *cool* e leve passa quase por fracasso ou, quem sabe, mau gosto. Faz parte da elegância, sorrir, mesmo que seja com o sorriso esculpido e esquecido no rosto por um cirurgião sem talento.

Luto, doenças e perdas submergem na agitação cotidiana, entre e-mails e celulares, reuniões e workshops, tudo tão rápido, tão urgente que é quase prova de incompetência de quem, tendo perdido alguém querido, não conseguir se concentrar, ter os olhos vermelhos por sofrer ou ver sofrer.

Observe-se um aeroporto onde todos, com pressa de voar, atiram-se, desabalados, pelos corredores, celular no ouvido e a cabeça já no ponto de chegada, gente que não vê nada nem ninguém. Alguém ouve o choro que vem de dentro, de alguma zona de sombra, aquela em que habitam os amores perdidos, a saudade da infância, os sonhos mortos de frustração, os medos do futuro, as ansiedades da véspera?

Uma gente sem tempo, no duplo sentido, sem tempo para conviver consigo mesma e que vive fora do tempo. Não sei, nessas pessoas, em que escuridão se esconde a carne viva da existência nem o quanto custa a cada um o seu faz de conta. Sei, com certeza, que tamanha mutilação não é boa para a saúde mental de ninguém.

Também nos corredores dos hospitais surpreendo o olhar aflito dos que não deveriam estar ali, à cabeceira de um familiar ou amigo, já que os relatórios não podem esperar, os contratos exigem respeito, as ações sobem e descem e o dinheiro escorre despercebido. A morte passeia nos corredores também despercebida e cada um fingindo que não vê, que não a conhece, tocando a vida como se nada tivesse acontecido, como se não conhecesse palavras como acidente ou doença.

De vez em quando, em um banco do jardim, alguém que soluça atrás de um lenço chama a atenção e dele desvia-se o olhar, talvez por respeito, mas com certeza por não saber o que fazer com aquela imagem que irrompe no cenário asséptico como um fantasma de outra época.

Os hospitais tentam cada vez mais se parecer com hotéis de luxo, enganando os tolos, fingindo que a morte não mora ali, atrás de cada porta. Para tanto, nos corredores e nos quartos há fotos de médicos sorridentes atendendo a pacientes que também sorriem. As enfermeiras, movidas pelas melhores intenções, usam diminutivos — uma dorzinha, uma injeçãozinha —, sem perceber que a infantilização do paciente é mais um desrespeito do que prova de atenção. Duas amigas marcam encontro no restaurante de um hospital de primeira linha onde, segundo elas, come-se muito bem. Há países em que os cadáveres são maquiados para que lhes sejam devolvidas as cores da vida.

Acelerar o tempo e desdramatizar a vida é o projeto da sociedade hipermoderna que, incapaz de produzir felicidade real, produz uma ideologia da felicidade, ou, pelo menos, a recusa persistente da admissão do sofrimento. Cada um exibindo no Facebook as versões de si mesmo que mais parecem com um suposto sucesso.

Saiu de cena a máscara da tragédia. Desde os gregos, sobrevivera até hoje, como ícone, aquele rosto triste, sempre ao lado do outro, sorridente, ilustrando as faces da vida, tragédia e comédia. Tristeza e alegria, já que a vida nunca poupou ninguém nem de uma nem de outra. Assim, juntas, simbolizavam uma existência minimamente equilibrada. Mas a tristeza está saindo de cena pressionada pela felicidade obrigatória, o que não deixa de ser um tanto cômico se não fosse trágico.

Triste história, vão combate. Nenhuma tecnologia de última geração, nenhuma performance da bolsa de valores conseguiu até agora a proeza de nos poupar do sofrimento. O que pode a ideologia é tentar proibir a sua expressão. Ao contrário da sabedoria dos gregos e suas máscaras da tragédia e da comédia, representações de sentimentos universalmente aceitos e reconhecíveis.

O esforço de recalcar o sofrimento, o elogio frívolo do *feel good*, acrescenta a ele uma dimensão patética que vem se substituir à dignidade com que, em outros tempos, se enfrentavam as perdas.

Suspeito que há uma carga imensa de dores escondidas contrabandeadas nas fronteiras dos escritórios, no burburinho das festas, nos diferentes palcos onde se encena o teatro da vida. Aonde elas irão?

## Do autorretrato aos selfies

Um tempo acelerado é sem memória. Tudo registrar para logo tudo esquecer. Um eterno presente que capta a instantaneidade de um momento e se alimenta da velocidade da informação. Sem passado nem futuro, se esvai em si mesmo, diluído em uma sucessão infindável de novos registros.

O cotidiano vivido cada vez por mais pessoas e por mais tempo entre as telas do celular e do computador vai moldando uma percepção do mundo que é tão alheia ao mundo pré-virtual quanto um autorretrato de artista a um selfie. O Snapchat, propagandeado como "o jeito mais rápido de compartilhar um momento!", que envia uma foto que dura segundos e se autodeleta, é a última flor dessa língua cada vez menos compreensível para a geração do porta-retratos.

O selfie não quer fixar nada senão uma informação fugaz sobre o momento vivido e compartilhá-lo com o maior número de pessoas. Não sei se é um passatempo inocente e irrelevante ou a metáfora do tempo presente em que a instantaneidade, a quantidade e o descompromisso com o sentido são a regra.

Há um apagamento da memória neste compartilhamento. O selfie leva a banalização ao extremo.

Os grandes museus do mundo são percorridos cada vez mais por multidões que andam em bandos e se aglomeram diante de algumas pouquíssimas obras de arte para se fotografarem a si mesmas com a Gioconda ou a Vênus de Milo como pano de fundo, reduzidas ao estatuto de um mísero papel de parede. Um bom exemplo da verdadeira tragédia que é ter acesso a tudo e nada entender da profundidade e da história do que se está vendo. Esse exercício narcísico não suspeita sequer do quanto se guarda da experiência humana em uma obra de arte que usamos como cenário de um momento fugaz de uma viagem de férias.

André Malraux, romancista, herói da resistência, ministro da Cultura do general De Gaulle, criador do Museu Imaginário, define a arte como um antidestino. A condição humana, diz ele, é trágica porque o homem não sabe de onde vem e para onde vai. Por isso toda obra de arte é um encontro com o tempo. O mundo da criação artística é o único que nos permite triunfar sobre a fatalidade da morte. O gênio do artista transforma a arte em liberdade.

A grande arte teve dois grandes eixos inspiradores: o elogio do divino e do sagrado na arte religiosa e a "invenção do mundo", a interrogação sobre a condição humana na arte do Renascimento, do Romantismo e da Modernidade.

O hábito de um artista retratar-se a si mesmo não existia na Antiguidade Clássica. Na Grécia Antiga e na Roma Imperial, as obras de arte se referiam à religião e à eternidade. Figuras bíblicas, heróis mitológicos, césares e imperadores, ou figuras idealizadas da beleza, ocupavam o imaginário dos artistas.

O autorretrato emerge na Itália e no Norte da Europa. Foi preciso que o Renascimento colocasse o homem como "a medida de todas as coisas", para que o artista descobrisse o seu poder de exprimir o imaginário e o irreal e até a si mesmo.

Autorretratar-se foi para os mestres da pintura que viveram antes do advento da fotografia a maneira de revelar não só o mundo que viam e como o viam em cores e formas, mas o lugar íntimo de onde o viam, a densidade do seu olhar, uma pessoa viva e sua história.

Grandes pintores, de Dürer a Rembrandt, de Van Gogh a Picasso, produziram sequências de autorretratos que testemunhavam de todos os estados de espírito e mudanças no corpo e na alma do artista ao longo do tempo. Suas obras não eram mais imitações fiéis da realidade. Elas davam a ver o invisível do pintor.

Albrecht Dürer é considerado o inventor do verdadeiro autorretrato que não é figuração e sim expressão e testemunho. Em 1484, aos 13 anos de idade, ele se representa como um aprendiz de pintor. Segue-se uma longa série de autorretratos. "Aos 28 anos, eu, Albrecht Dürer de Nuremberg, me pintei a mim mesmo." Numa sucessão de audácias e rupturas, representa-se nu em uma gravura e, em outro quadro prodigioso, nos traços de Jesus Cristo.

Rembrandt é a alma do autorretrato, sua expressão máxima, testemunho sem paralelo na história da arte de uma biografia e da passagem inexorável do tempo. Das primeiras figurações do jovem aprendiz de pintor aos enigmáticos retratos do homem acabrunhado pela idade e acossado pela ruína financeira escorre o tempo de toda uma vida. Em seus olhos ganha realidade a frase atribuída a Leonardo da Vinci: "Os olhos são a janela da alma e o espelho do mundo."

Van Gogh, em uma de suas cartas a seu irmão Theo, diz que conhecer a si mesmo é tão difícil quanto pintar a si mesmo. Em seus últimos quadros, o turbilhão dos céus estrelados invade a tela não só como pano de fundo, mas como representação de seu próprio estado de espírito e vertigem interior. O artista, a loucura e o autorretrato fazem um só. Nos autorretratos dos grandes mestres, a separação entre o homem e a obra, o tempo interior e a representação, o artista e o quadro desaparecem.

Os olhos são o ponto de ouro do autorretrato. Eles atraem e capturam o nosso olhar. Olho no olho, o olhar do artista busca o espectador, como se o quadro fosse uma pessoa. Sereno ou desesperado, delirante ou conformado, o autorretrato é um revelador do olhar do artista sobre a vida e o mundo.

Precursora do cinema — a imagem em movimento —, a fotografia estendeu ao comum dos mortais a capacidade de preservar em imagens pessoas, acontecimentos, paisagens.

Sem aspirar ao intemporal inerente às grandes obras de arte, as fotografias, no entanto, tinham valor. Eram compartilhadas com afeto e amizade. Não se registrava qualquer coisa e sim o que valesse a pena, por razões afetivas, estéticas, políticas, ser registrado.

As fotos não eram deletáveis. Eram "reveladas" e guardadas em álbuns. As melhores viravam porta-retratos com lugar de honra nas salas de visitas. Passavam de pais para filhos. Preservavam a memória de uma trajetória de vida e a consistência de vínculos familiares. Cada uma tinha a sua razão de ser, contava uma história e se inseria numa temporalidade. Faziam e transmitiam sentido. Duravam e nessa aspiração à duração estava embutido um aceno ao futuro, um apelo inconsciente à imortalidade ou, pelo menos, a uma certa perenidade.

O surgimento da fotografia digital de certa forma anuncia o selfie. A possibilidade de deletar uma foto sem custo algum faz com que fotos possam ser tiradas em quantidade, quase a esmo, para em seguida escolher uma ou outra, deletando as demais. A foto se banaliza.

Hoje o autorretrato é o exercício preferido de qualquer anônimo que estenda o braço com o celular na mão e lá vem mais um selfie. O selfie é autorreferido, um exercício lúdico, uma ou algumas caras, talvez caretas, sem contexto, sem profundidade, imagens deixadas ao efeito de luzes e sombras eventuais.

Esta substituição do sentido pelo registro banal é a face sombria da democratização do direito de autoexpressão.

Os selfies diferem de outras formas de autoexpressão, como as calças jeans e os blusões de couro dos anos 1950, os cabelos compridos e as barbas da geração dos anos 1960. Estes artifícios ou artefatos conotavam alguma coisa, rebeldia, inconformidade, agressividade. Eram uma afirmação de identidade e de diferença, de pertencimento a uma determinada "tribo" e de ruptura de determinados padrões estabelecidos. Como hoje as tatuagens e os piercings dos mais jovens. São mensagens e testemunhos individuais de adesão a um tempo ou a uma causa.

É a Internet que induz ao selfie, ao compartilhamento de algo que é em si irrelevante? Sem dúvida ela facilita. Sem Internet não haveria compartilhamento instantâneo e capacidade infinita de salvar ou excluir.

O que importa é saber que tipo de identidade ou de personalidade é esta que parece começar e acabar em si mesma. Esta interação, o compartilhamento frenético dessas fotos gera algum sentido de pertencimento, é criadora de laços ou é um exercício gratuito de autocontemplação?

A intensa vida virtual atualiza palavras como "presencial", um adjetivo que hoje qualifica, por contraste, a natureza excepcional de um encontro entre gente de carne e osso. A conexão se substitui ao encontro, a fugacidade à permanência, a virtualidade à espessura do real, a quantidade à qualidade, o compartilhamento à interpretação e à compreensão.

O mundo virtual se expande cada dia em termos de mais informação, mais interações, mais funcionalidades, mais possibilidades. O que fazemos com esta assombrosa capacidade computacional é uma escolha individual.

Frente a esta imensa e perturbadora inovação melhor nos perguntarmos que mundo é este que já é o nosso. Quem programa os computadores são seres humanos e quem define o que fazemos com as funcionalidades destes artefatos somos nós mesmos.

No diálogo famoso entre dois dos assassinos de Júlio César, Shakespeare nos fala pela voz de Cássio: "A culpa, meu caro Brutus, não está nas estrelas e sim em nós mesmos."

Com todos os seus riscos e imensas oportunidades, o mundo virtual é o grande interrogante, a tecnologia determinante de nosso tempo. É o grande enigma do mundo contemporâneo. Decifrá-lo quem há de?

## Servidões voluntárias

Entre as tiranias que povoam as nossas horas, dois mitos que perseguimos são particularmente cruéis: a beleza exemplar e a saúde perfeita.

O corpo é o grande protagonista de nosso tempo, talvez a metáfora mais poderosa da capacidade invasiva do consumo que se anuncia como salvação. No caso o recurso extremo ao consumo de si mesmo em múltiplas, variadas e melhoradas versões. Não mais no diálogo com o outro, o objeto de desejo, mas consigo mesmo, cada um desejando a si próprio.

O recurso fácil e repetitivo às cirurgias estéticas atesta essa perseguição ao inalcançável horizonte da beleza perfeita, que vai corrigir os erros que a natureza cometeu. Aqui também é a falta da noção de limite, outra face da onipotência, que leva mulheres e também homens aos infernos das mesas de cirurgia no esforço desesperado de escapar do envelhecimento.

Os obcecados pela saúde, ou melhor pelo risco da doença, não se satisfazem com o silêncio dos órgãos e se impõem, preventivamente, um regime draconiano que inclui as dietas mais diversas e rigorosas, abstinências excruciantes de alimentos supostamente assassinos. O pão nosso de cada dia fez-se crime contra a estética. Um pãozinho quente é a certeza de mal envelhecer, perigo supremo quando o objetivo é garantir uma vida cada vez mais longa.

A relação à mesa passou do prazer cúmplice e competidor da sexualidade — a quem deliciosamente acompanhava, no desvario e desmedida — a uma relação cerimoniosa, discreta, feita de medidas certas e precauções, feita de cálculo, seja de calorias, seja de quantidades, um enunciado secreto de proibições, de autoflagelações que adivinham e antecipam a crítica no olhar alheio. O cotidiano se enreda, assim, em pequenas e grandes angústias, estados de alerta que atropelam a degustação de hoje em nome do amanhã.

Exames preventivos cada vez mais exigentes e invasivos, marchas quilométricas ou bicicletas no vazio, no esforço desesperado de conjurar tudo que em nós inexoravelmente degenera. Pouco importa qual seja a faixa de idade, o assunto denominador comum é o que é saudável ou daninho. A denominação Academia escapou da universidade, das letras ou das ciências para instalar-se no vocabulário corrente designando os templos do *bodybuilding*.

Uma observação descomprometida da evolução da cidade registra uma substituição acelerada dos bares de esquina por farmácias, atestando o crescimento exponencial da indústria farmacêutica que conseguiu em um passe de mágica convencer a toda pessoa saudável que ela não passa de um doente potencial que se ignora. As taxas aceitáveis de colesterol diminuem continuamente, reprovando na prova da saúde um número cada vez maior de pessoas assustadas, indefectíveis consumidoras de atorvastatina. A alegria presente nos bares perdeu para o susto do futuro.

Quem acorda revolvendo-se nas complacências do pijama arranca-se da cama, do calor do amor e de si mesmo e vai correr quilômetros, pedalar no vazio, levantar halteres, bufando, que com a saúde não se brinca e, como todo mundo sabe, a indolência de hoje é o infarto de amanhã. Sua a camisa, apostando nesses anos a mais, terra prometida aos que não sucumbirem, hoje, ao imperdoável pecado da preguiça.

Viver está cada vez mais difícil. Morrer também. Porque não chamo de vida o purgatório das UTIs em que a parafernália tecnológica faz durar, para além da dignidade, quem já tinha o direito de ter passado a fronteira. Viver está difícil porque um sem-número de interesses mercadológicos transformou a vida em doença grave com o pretexto da saúde.

A cada dia surge um sintoma novo — e, é claro, seu tratamento —, aumentando a taxa de angústia de quem corre atrás de uma espécie de perfeição idealizada do corpo. Essa angústia é parceira do sentimento de responsabilidade sobre si mesmo. Se você adoece, a culpa é sua porque não se cuidou. Além de doente é culpado do crime de irresponsabilidade.

Há um mal-entendido cuidadosamente alimentado no discurso atual sobre a saúde. A medicalização da vida vai tomando formas tão assustadoras que, no fim das contas, o indivíduo sadio é o que não foi bem investigado e a saúde se transforma em um estado ideal que ninguém consegue alcançar.

Multinacionais inventam doenças e seus remédios milagrosos: para a criança levada, agora diagnosticada com a síndrome de déficit de atenção e hiperatividade, tranquilizantes psiquiátricos. Já os mais quietinhos ou simplesmente introspectivos, na certa merecem um diagnóstico, são hipotônicos. Gravidez, envelhecimento, processos naturais na vida, viram estados patológicos, perigosos, obedecendo à obsessão com a saúde que o poderoso marketing da indústria farmacêutica está criando.

Há quem suspeite, provavelmente com razão, que a obsessão com a saúde vende — e muito bem — remédios e serviços médicos. Não é nova essa desconfiança da medicina. Sempre houve um fundo de descrença na medicina mesmo em autores como, no século XVII, Molière, que, no *Le Malade Imaginaire,* escreve: "Não há nada mais ridículo do que um homem querer curar outro. Basta ficar em repouso, a própria natureza, quando a deixamos agir, sai devagarinho da desordem em que se meteu."

Tempos depois, século XVIII, Voltaire, no seu *Dicionário Filosófico*, na rubrica *doença*, põe essa frase na boca de um médico: "Nós curamos infalivelmente todos aqueles que se curam por si mesmos." E Rousseau, no *Émile*, acrescenta: "Quanta gente a impaciência, o medo, a preocupação e, sobretudo, os remédios mataram, pessoas que a doença teria poupado e o tempo curado." No século XIX ainda se encontrava um grande médico de Boston, chamado Dr. Holmes, que declarou que, se jogassem todos os remédios no mar, seria ótimo para a espécie humana e péssimo para os peixes.

Um velho médico meu amigo, que fez cem anos e setenta de clínica, afirmava que ninguém deve se preocupar com um mal-estar antes de uma semana. Se não passa, aí sim, vai-se ao médico. Sem subscrever totalmente essa receita do século passado, olho com desconfiança a atitude de convencer as pessoas que a natureza vai constantemente ameaçá-las com novas doenças que só uma parafernália de exames e muitas consultas médicas curam. Ora, a confiança na palavra do médico, ponte entre a vida e a morte, é a essência da relação com o paciente.

Essa relação tem uma origem sagrada desde Esculápio, o Deus tutelar da medicina que viveu em Epidauro, na Grécia Antiga, e foi elevado ao Olimpo por suas práticas curativas, misto de conhecimento e deferência com o sofrimento humano. À sua morte espalharam-se pelo mundo antigo templos em seu louvor, construídos por discípulos e sacerdotes aos quais acorriam peregrinos em busca de alívio para seus males. Neles havia espaço para que pernoitassem e repousassem durante a convalescença. Nasciam os hospitais e seus médicos.

Gerações mais tarde um descendente ilustre de Esculápio, Hipócrates, abriria caminho para a medicina moderna anunciando que os males não vinham dos deuses e sim da natureza. Descobertas as causas do mal, na própria natureza encontraríamos seu remédio. Nascia o diagnóstico. Os escritos de Hipócrates são o fundamento da ética médica.

A travessia da dor e da morte empresta à relação médico/paciente um caráter único, mescla de confiança e gratidão. Transformada em prestação anônima de serviço, essa relação está adoecendo. Quem não teve, em um hospital ou posto de saúde, a experiência de ser atendido por um médico, depois controlado por outro, e mais tarde por um terceiro, desconhecido? Quem não sentiu, então, a vertigem do desamparo? Onde a intimidade que unia o paciente ao médico, autorizando a nudez do corpo e da alma fragilizados?

Essa impessoalidade é uma nova realidade que não serve à nobreza dessa relação, que é sempre uma relação de intimidade em que o paciente expõe não só o seu corpo, também suas aflições e seus medos.

Há uma arte de transformar gente sadia em paciente que passa despercebida no cotidiano. O que, para além dos indivíduos, está criando uma neurose coletiva em relação à saúde. E essa sim, pode se transformar, a golpes de angústia, em doença grave.

E depois de tudo isso, de se estressar na competição numa cadência cada vez mais acelerada, encenar permanentemente a comédia da felicidade e do sucesso nas redes sociais, esfalfar nas academias e fazer plásticas sucessivas, os filhos do mundo contemporâneo deveriam se perguntar como, sem perceber, foram negociando fragmentos de sua liberdade e deslizaram para essa estranha forma de vida.

# UMA ESCOLA DE CONVÍVIO

"**J**untos e sozinhos." Foi assim que Sherry Turkle, professora do MIT e psicóloga clínica, intitulou seu último livro, *Alone Together*, em que analisa o impacto social e psicológico das tecnologias de comunicação e o risco crescente de que os laços fracos de relacionamento tecidos no ciberespaço venham a se sobrepor às relações de pessoa a pessoa constitutivas de nossa humanidade.

Quanto mais nos aproximamos das máquinas e do mundo virtual, diz ela, mais nos distanciamos uns dos outros e do mundo real. Cada vez mais estamos juntos e, ao mesmo tempo, sozinhos. Cada vez mais solitários ainda que conectados.

Frente a este imenso desafio, invoco o nome de Albert Jacquard, ilustre geneticista, que sugeriu que em todas as escolas se escrevesse na entrada "aqui se pratica a arte do encontro". Definia assim o que lhe parecia ser a educação como arte do convívio em resposta aos desencontros que são a marca do mundo da educação em nossos dias.

Mas esse encontro está longe de ser evidente ou sem acidentes nesse momento em que estamos, professores, pais e alunos, experimentando a ruptura de paradigmas milenares como território, família, trabalho, sexualidade, nascimento e morte. Vivemos o privilégio e o risco inerente a tempos de mudança: inovação e incerteza.

O mundo virtual existe em tempo real. É neste incerto agora que somos chamados a pensar a escola e ressignificá-la para que continue a cumprir o que dela se espera.

Os cientistas afirmam que os próximos cinquenta anos vão condensar mais mudanças que os últimos dez mil anos. A educação que propusermos hoje às crianças e jovens vai abrir ou não os espíritos à construção dos amanhãs possíveis. Permitirá que se tornem autores de seus destinos e sociedades ou vítimas de um mundo em que não opinam e que não entendem, que lhes será vendido como a única vida possível.

Já é possível sentir essa aceleração nas mudanças no tempo de uma biografia. Na minha vida, assisti até agora à desintegração do átomo e sua transformação em artefato nuclear, a descoberta da contracepção que mudou a relação homem/mulher e o perfil da família, a leitura do código genético e sua tradução em oportunidades e riscos para a espécie, as angústias de um planeta que se reconhece vulnerável e finito, que vivencia na pele o aquecimento global. A vida real se faz incorpórea no éter da virtualidade.

A perplexidade que nos aflige a todos hoje é tanto maior quanto aumenta a volatilidade e a fragmentação da informação e o sentimento incômodo de que temos acesso a tudo e não entendemos quase nada.

## Uma "cabeça bem-feita"

O sociólogo Manuel Castells foi um dos primeiros a antecipar as transformações que as tecnologias de informação e comunicação imporiam à sociedade, à economia, à cultura e, portanto, também à educação.

Expressão da cultura de liberdade que vicejava nos campus e laboratórios das universidades americanas nos anos 1960 e 1970, a Internet e as redes de comunicação móvel ampliam o potencial da mente humana. Porém, esta revolução tecnológica, por si só, não gera a capacidade intelectual de processar as informações e transformá-las em conhecimento utilizável.

Não há informação em excesso, há uma escassez de capacidade de processá-las em função dos usos que se queira dar às informações. Sem capacidade cultural e educacional, a Internet de pouco serve. De nada adianta ter acesso a tudo — *anywhere, anytime, anyplace* — e não saber o que fazer com esse "cosmos" aparentemente infinito que mais se parece com um "caos".

O grande desafio de um mundo saturado de comunicação é a ausência de códigos comuns de comunicação, o que pode levar a um autismo de significados.

Daí a importância fundamental da educação, da escola. A ela cabe transmitir valores, socializar em regras de comportamento, ensinar a buscar a informação na Internet, gerar conhecimento e curiosidade de conhecimento a partir dessa informação e motivar o aprendizado.

O antídoto contra a desinformação é a educação. E a educação começa pela educação dos educadores.

A ideia-força de Castells de que a comunicação por si só não traz a compreensão e que o bom uso das tecnologias depende das capacidades de quem as usa se articula com a ênfase dada por Edgar Morin, outro sociólogo altamente preocupado com o futuro da educação, sobre a importância da formação de uma "cabeça bem-feita" como objetivo e fundamento do processo educativo.

Nenhuma tecnologia, do telefone à Internet, traz em si mesma a compreensão. Educar para compreender as matemáticas ou tal ou qual disciplina é uma coisa, educar para a compreensão é outra.

A convergência entre disponibilidade ilimitada de informações e obsolescência rápida dos conhecimentos faz com que o objetivo primeiro dos processos educativos passe a ser aprender a aprender.

A educação, hoje, não é somente aquisição de informações e conhecimentos. É, cada vez mais, construção de capacidades que permitam a cada um agir enquanto membro de uma família, comunidade e sociedade.

Daí a importância de que a escola desenvolva uma metadisciplina — o aprender a conhecer e a compreender —, o que implica que a escola seja capaz de desenvolver a aptidão natural do espírito humano a situar as informações num contexto e num conjunto.

O desenvolvimento desta aptidão inclui o estímulo à curiosidade, à experimentação, o aprender a estabelecer relações entre coisas distintas, a abertura ao novo, ao que não se conhece, ao emergente e ao inesperado.

Novos processos e dinâmicas requerem novas respostas. Confrontado à possibilidade de transitar no curso de uma vida por vários empregos ou profissões, aos riscos e oportunidades do trabalho a domicílio ou em tempo parcial, o fundamental, hoje, é aprender a conhecer, a fazer, a viver em comunidade, a ser.

Diante da incerteza e variabilidade das estruturas produtivas, ganha importância o aprendizado de um conjunto de competências que permitam a cada um enfrentar situações imprevistas, mutações sociais e espaciais súbitas, reciclagens e requalificações profissionais inerentes a uma sociedade em contínuo e acelerado processo de mudança.

O sentido profundo do processo educativo passa a ser formação de indivíduos capazes de pensar pela própria cabeça, de organizar conhecimentos e informações, capazes de lidar com o risco e a incerteza, abertos à inovação e experimentação, argumentação e escolha. Nas sociedades abertas e complexas em que vivemos, o sucesso dependerá cada vez mais de imaginação e criatividade, adaptabilidade à mudança, capacidade de trabalho em equipe e respeito à diversidade.

## Precursores: ato de ensinar e modos de aprender

A educação, como a democracia, é uma obra inacabada, em processo constante de crítica, experimentação e reinvenção.

O debate sobre o como ensinar e que aprender tem uma longa história. Ao longo do século passado a educação foi objeto de críticas que se concentraram fundamentalmente no ato de ensinar e nos modos de aprender, críticas circunscritas ao mundo da escola.

A escola nova ou ativa de Montessori, Freinet e Decroly, proposta inovadora que teve seguidores no Brasil a exemplo de Anísio Teixeira, insistiu no respeito à criança, fazendo da sua atividade o eixo da vida escolar, adaptando-se à sua linguagem, respeitando suas formas de socialização, deixando para trás a pura transmissão de conhecimentos, herdeira de uma tradição religiosa que se fazia acompanhar da obrigatória reverência ao mestre.

As ideias de invenção, de criatividade até hoje são subversivas em um sistema escolar que, apesar de tudo que já foi testado e provado, continua a defender a ideia equivocada de que é a aprendizagem que estimula o desenvolvimento, em vez de reconhecer com a psicologia genética do grande Jean Piaget que é o desenvolvimento da criança que permite a aprendizagem.

Paralelamente a essa concepção centrada no *desenvolvimento intelectual* da criança progressivamente deu-se prioridade à sua *evolução socioafetiva*.

Como Piaget demonstrou, a criança funciona mentalmente de acordo com níveis de desenvolvimento que estão na origem da sua aquisição de conhecimentos. Vive um processo de crescimento afetivo e social caracterizado por uma progressão de etapas constitutivas da sua personalidade.

Seu comportamento em sala de aula, suas atitudes em relação ao professor e sua disponibilidade ao aprendizado são consequência da forma como vive o seu desenvolvimento. A insensibilidade de alguns professores à maturação afetiva própria de cada criança gera conflitos, bloqueios, frustrações.

Nestas duas tendências que acabamos de recordar, professores preocuparam-se em reinventar a prática escolar elucidando as *necessidades* próprias das crianças.

Mais tarde, sob a influência da psicanálise, entrou em discussão o *papel do professor,* o lugar ocupado pelo adulto na relação pedagógica.

Numerosos estudos revelaram a importância dos investimentos afetivos, vividos pelos professores, no comportamento de uma turma, toda uma série de fenômenos relacionais de transferência e de contratransferência, de identificação e de projeção que a pedagogia tradicional ignorava.

Incapazes de compreender e de trabalhar os conflitos, muitos professores procuravam afirmar-se, adotando uma atitude autoritária. Atribuem uma grande importância às normas de comportamento da turma, em vez de se preocuparem com a forma conflituosa como eles mesmos assumem o encontro com os alunos.

Esses debates centrados na escola deixaram de lado até os anos 1960 questionamentos radicais como os que foram então formulados por Ivan Illich e Paulo Freire, que deram a seus trabalhos uma dimensão eminentemente crítica da educação sem se preocuparem com análises da pedagogia escolar.

Ao contrário dos autores que ilustram uma mesma filiação, quer se trate de Freinet, Carl Rogers ou A. S. Neill, Freire e Illich não propõem qualquer alternativa escolar para a pedagogia tradicional. Sua contribuição é essencialmente crítica.

Suas ideias e propostas, mais do que fornecer modelos pedagógicos, devem ser lidas como um apelo à imaginação dos educadores, uma interpretação do que a educação não é, mas poderia vir a ser. Foram os dois mais profetas do que reformadores.

Ambos tiveram o mérito de ampliar o olhar para além da escola. Freire, meu amigo no exílio e mestre de toda a vida, com sua *Educação como prática da liberdade* elaborada em seu Nordeste natal e, depois, com *Pedagogia do oprimido*, testada em suas andanças pelo mundo. Para Freire, a finalidade da ação educativa deve ser sempre a produção de novos conhecimentos. É mais importante cultivar um espírito de diálogo e criação do que comunicar verticalmente conhecimentos empacotados. Para tanto, o ponto de partida é a experiência e a percepção de quem aprende enquanto que o objeto de estudo é a realidade vivida em comum.

Illich, um dos mais argutos pensadores da sociedade contemporânea, argumenta que a escola é uma instituição fundada no axioma de que a educação é produto do ensino. "É a um bem de consumo que damos hoje o nome de educação; um produto cuja fabricação é assegurada por uma instituição chamada escola."

Com espantoso sentido premonitório, Illich investe na ideia de "redes do saber", abertas a todos os que querem aprender, em qualquer época de sua vida, nas quais cada um compartilharia os seus conhecimentos sem hierarquias nem monopólios, onde os portadores de ideias novas deveriam poder fazer-se ouvir.

O tom utópico de Illich acabou por jogá-lo no esquecimento de onde só saiu recentemente quando o advento da Internet mostrou-se um instrumento capaz de alargar as possibilidades educativas para muito além das fronteiras das escolas, ainda que não em seu lugar, como ele havia imaginado.

## Das reformas programáticas à reforma paradigmática

A reforma programática sempre foi o eixo das interpretações e divergências no campo da educação. Quase sempre restritas à educação entendida como transmissão de conhecimentos e à escola como *locus* privilegiado dessa transmissão. Essas interpretações sofrem agora o reflexo do curto-circuito em nossos instrumentos de leitura do mundo contemporâneo. Instrumentos que parecem cada dia mais incapazes de explicar um mundo que se transforma em tamanha velocidade.

As mudanças em curso na sociedade, na economia, na cultura tornam obsoletos os consensos sobre o que é importante pensar e, em consequência, o que é importante aprender.

Quando consensos entram em crise, carecem de convicção e chegam a duvidar de si mesmos é porque não resistem às transformações na maneira de ver o mundo e de viver que a ciência e a tecnologia trazem consigo.

O tempo presente é de aceleração histórica. Contrariamente a outros momentos em que o pensamento amadurecia lentamente e uma explicação do mundo se tornava hegemônica, nosso tempo, desgovernado, invade territórios que até então pertenciam à ficção científica sem, no entanto, se cristalizar no que o físico Thomas Kuhn chamou, um dia, "paradigma", referindo-se à moldagem de um tempo pelas grandes rupturas, a exemplo do Heliocentrismo de Copérnico ou o paradigma da Relatividade de Einstein.

Quando as convicções que norteavam um tempo e que ainda estão presentes na memória viva já não são operacionais, o passado insiste em cobrar do presente uma coerência com um mundo que já não existe.

É a tentação conservadora que sente como ameaça tudo que lhe é estrangeiro. Não resiste, no entanto, às transformações na maneira de ver o mundo e de viver que a ciência e a história trazem consigo. Novos conhecimentos e tecnologias decretam irrevogavelmente que um tempo chegou ao fim. A educação se esvazia de conteúdos, tornados obsoletos, e se perde em sua prática. Dizemos então que a educação está em crise.

Crise é uma palavra que sugere inadequação, um continente que já não suporta o conteúdo. Essa crise faz com que as escolas em todo o mundo ocidental vivam hoje um sentimento de dúvida e de desencontro.

O desencontro não é somente entre professores e alunos, é entre dois mundos, dois tempos que não se falam.

O sentimento de deriva, de errância, de caducidade do sistema de valores, quando tudo se equivale e é efêmero, a perda de pertencimentos, a devoção ao deus dinheiro, tudo alimenta o sentimento de falta de sentido e, pelo avesso, uma carência de valores éticos que iluminem a nossa convivência com o outro.

É esse avesso, esse sentimento do que nos falta, que aponta caminhos possíveis.

A perda de referências e certezas deixa ao relento todos aqueles que sem a obediência aos ensinamentos que a fé sustenta, não encontrando mais a âncora das ideologias, verdadeiras religiões terrenas que, em troca do céu, ofereciam utopias dos amanhãs que cantariam, estão condenados a construir com suas escolhas, ou seja, com a sua liberdade, o seu próprio destino.

Religião, tradição e ideologias modelavam identidades, destinos predeterminados. Tempos em que uma verdade revelada, uma ordem imutável ou uma narrativa totalizante nos diziam como bem viver ou morrer.

O enredo da vida familiar se distribuía em papéis bem ensaiados. Estes enredos passaram por tantas vicissitudes, ao sabor da realidade amorosa, são tantas as novas configurações familiares que hoje é difícil falar de família no singular. Esses papéis claramente distribuídos perderam sua força de convicção e se representam hoje com todos os riscos da improvisação.

Os reflexos na educação deste fenômeno são perceptíveis a qualquer professor atento. O que é aflitivo em nossos dias é a perplexidade da ciência da educação diante dos fenômenos que a interpelam.

Neste tempo de incertezas, o pensamento sobre a educação é chamado a se abrir a uma reforma paradigmática, o que é muito mais complexo do que as reformas programáticas que pontuaram sua história.

Um alerta importante para professores que são, em geral, pessoas de convicções firmadas, habituados à autoridade de quem transmite conhecimentos certificados e por isso mesmo pouco afeitos a dúvidas e contestações. Frequentemente reféns de suas próprias ideias, resistem a acolher o inesperado. A ouvir o silêncio que fala alto na balbúrdia das salas de aula.

Como se não bastasse, nosso tempo, herdeiro da falência das grandes narrativas, entroniza um indivíduo que tem a si mesmo como referência prioritária e cujos vínculos de pertencimento e, portanto, de dever se enfraquecem. O outro perde seu papel na relação de alteridade e passa a desempenhar um papel de coadjuvante, necessário como fonte de satisfação de interesses ou de prazer, descartável, se fonte de qualquer incômodo.

O projeto de vida estritamente autorreferenciado tem tênue ou nenhuma ligação com destinos coletivos. O indivíduo contemporâneo só existe no espelho. Sua ética é egocêntrica, seu julgamento autoindulgente. Essa autoindulgência não é certamente estranha à recorrência de atitudes antissociais, voltadas exclusivamente para o interesse próprio, como a corrupção, a indiferença e a ausência de compaixão.

É alarmante captar a tendência contemporânea à morte do outro ou, como diria Gilles Lipovetsky, o crepúsculo do dever. Ora, não nos enganemos, o indivíduo sem vínculos é um monstro impensável.

Essa tendência ao primado do indivíduo é ela mesma contemporânea da nossa chegada ao ciberespaço, um lugar misterioso de fronteiras desconhecidas, uma espécie de esfinge que ainda não foi decifrada e que pode muito facilmente nos devorar. Porque sendo virtual, impalpável, o mundo virtual atravessa e impacta a vida real e a escola em particular.

O que é este estranho mundo, o ciberespaço? O que pode emergir como ética, que é a base da convivência, desse espaço em que o encontro e o diálogo têm características que definitivamente não são as da vida real.

As relações virtuais se criam ao acaso dos encontros na rede e se desfazem ao sabor de um clique, quando alguém é literalmente deletado.

A não implicação nessas relações em que o outro não existe como pessoa, mas como prolongamento efêmero e errático do desejo de alguém, a falta de compromisso largamente decantada como liberdade dão a essas relações um caráter ralo em que a existência do outro, para além de sua virtualidade, é descartável.

Essa existência descartável é uma lei não escrita, espécie de código aceito na rede.

Na medida em que a habitação do ciberespaço vai ganhando uma importância avassaladora no cotidiano das crianças e jovens, cabe perguntar que experiência formadora ou talvez deformadora terão as novas gerações ao vivenciar a não existência ou a supressão indolor do outro, a assunção de falsas identidades e a superficialidade — às vezes crueldades impunes — nas relações virtuais.

O exemplo mais eloquente é o próprio conceito de amizade. Um amigo sempre foi entendido como alguém muito próximo, íntimo, uma relação privilegiada. A expressão "amigos" em digital nativo quer dizer uma diversidade sem permanência, relações transitórias tanto mais valorizadas quanto numericamente importantes.

Na experiência da geração precedente, tratava-se de um núcleo permanente, tanto mais precioso quanto seleto. Uma coisa é a comunicação autêntica de pessoa a pessoa, outra muito diferente é sermos "seguidores" no Twitter e termos "amigos" no Facebook.

Quando somos confrontados com as emergências, situações imprevistas que implicam escolhas éticas e decisões de vida, ninguém recorre aos "amigos" que tem no Facebook e sim ao círculo íntimo de pessoas em quem se confia, parentes e amigos de toda a vida. Na vida real e não no mundo virtual.

A população do ciberespaço, e, entre eles, certamente nossos alunos, é incorpórea. Ela pode ser ou não ser.

Cada um pode ser muitos. Pode ser quantas múltiplas vidas adote, ser alguém que não se é. Como se dá o encontro desses seres incorpóreos que não têm espessura nem necessariamente uma vida real? São seres de uma estranha natureza. Como podem eles dialogar entre si e construir uma ética que, repito, é a base de toda convivência civilizada?

## A improvável ética do ciberespaço

O professor Jean Hamburger, biólogo e membro da Academia Francesa, autor do primeiro transplante renal realizado na França, diz que os princípios éticos são a joia do pensamento humano, o que nos arranca da condição animal. A ética ou não ética do ciberespaço é um dos grandes interrogantes desses tempos de transição.

Vivemos um momento da história humana extremamente complexo como se tivéssemos hoje que tudo recomeçar, todo o trabalho civilizatório. A impunidade que vigora no campo virtual é apenas uma das dimensões de um grande questionamento do que possa ser a ética hoje.

Hans Jonas coloca o fundamento da ética no outro por quem sou responsável. Jürgen Habermas a coloca no diálogo, na necessidade da escuta, na legitimidade das posições contrárias. Nada disso tem uma presença obrigatória no ciberespaço, onde o outro é deletável de maneira indolor.

No mundo virtual, quem é o outro? Quem é o outro com quem nos relacionamos sem que tenhamos por ele responsabilidade?

A ética definida como um diálogo, que leva em conta o outro dentro das balizas de um tempo e de um espaço, não cabe no ciberespaço.

No ciberespaço o tempo é um tempo inventado. O interlocutor pode estar em um não lugar. A invenção do tempo e do espaço é livre. As dimensões conhecidas, com as quais se trabalha na construção da ideia mesma de real, estão postas em questão.

No entanto, a incorpórea população que habita o ciberespaço o define como o espaço da liberdade, espécie de utopia virtual, um mundo sem centro, sem governo. O que nos remete a outra definição de liberdade, estranha àquela que, no mundo real, encontra como seus limites a liberdade do outro e a negociação sob forma de regras e leis.

Como educar na encruzilhada de dois mundos, o real e o virtual, que se interpenetram permanentemente ao longo dos dias, com definições tão diversas de liberdade e do que seja identidade?

Essa incorpórea população tem uma identidade improvável, uma identidade lábil, cambiante, pode ser uma como pode ser outra.

Uma eclosão do imaginário sobre si mesmo, que leva a um frenesi de relacionamentos, relacionamentos esses que têm uma diversidade tão grande quanto as possibilidades de se imaginar a si mesmo, que se desdobram em vários personagens ficcionais.

É possível ser outra pessoa, dizer que se vive em outro país, em um tempo inventado. E os encontros vão se dar entre essas versões múltiplas que cada um apresenta de si sem possibilidade de verificação.

Cada um escreve o romance de sua própria vida, se assim lhe aprouver. Vem à tona, portanto, um mundo imaginário, um mundo que concorre com a vida real. Quando a ficção deixa de ser ficção, estamos diante de uma mudança de era.

Passamos a fronteira de um mundo desconhecido e imprevisível. Os jovens estudantes de Harvard, criadores das redes sociais, inventaram um outro mundo. No filme *A Rede Social*, o personagem de Sean Parker, criador do

Napster, faz o elogio das tecnologias da informação, dizendo: "Se um dia vivemos no campo e depois nas cidades, hoje vivemos no ciberespaço."

Retórica ou sabedoria premonitória, o fato é que crianças e jovens habitam uma boa parte do dia esse território virtual. Que mundo é esse, volátil e surpreendente?

A pergunta não lhes interessa, esse mundo não é movido a porquê. No universo de Mark Zuckerberg o que importa é o como. Conectar-se é o verbo mágico que explica o seu Facebook. Conectar-se com que objetivo? "O objetivo é conectar-se", respondeu ele a um entrevistador.

Nicholas Carr — *freak* da Internet que antes tinha sido editor da respeitabilíssima *Harvard Review* — descreve essa involução experimentada em si mesmo, na medida em que não consegue mais, tendo sido um leitor compulsivo, manter a atenção na leitura de um livro inteiro.

"Ler dez páginas para mim se tornou um esforço insuportável. E eu sinto isso nos meus alunos", diz o autor do livro *A geração superficial*, esperando, evidentemente, que ele fosse lido da primeira à última página.

*A geração superficial* foi assim intitulado porque Carr acredita que o pensamento que está se desenvolvendo entre os internautas é um pensamento sem profundidade. Pensamento que se desenvolve na horizontalidade e nunca na verticalidade, que é a capacidade de interpretação.

Nem todo processo de adaptação a uma nova tecnologia, explica, é necessariamente uma evolução. Pode ser uma involução, pode não ser o crescimento da árvore da evolução da espécie, mas a sua queda.

Referindo-se aos mecanismos de construção do conhecimento, constata que hoje existe um acesso infinito à informação, mas na medida em que essa informação não se prende a nenhum tronco comum que lhe dá sentido esse conhecimento é, por definição, um conhecimento raso. A pletora de informações que cada um acessa quando tira o celular do bolso não implica que os jovens tenham a mínima ideia do que fazer com elas ou, pior, que saibam a diferença entre informação e conhecimento.

## Texto e contexto, aprender a aprender

A aquisição de conhecimento depende do desenvolvimento de aptidões mentais e do domínio dos códigos culturais que permitem navegar com alguma coerência em um oceano de informações desgarradas. As informações disponíveis na Internet são um tesouro literalmente incomensurável. Problemática é a exígua capacidade de processá-las e lhes dar algum sentido.

Assim como a palavra ganha seu sentido no texto e o texto ganha sentido em um contexto, a informação pede para se inserir em um patrimônio cultural que caberia à escola transmitir. A contextualização é condição da função cognitiva ao mesmo título que a consciência de ter aprendido, tão cara ao grande Jean Piaget.

É a transmissão do patrimônio cultural e de valores que dá à juventude o sentido de pertencimento à aventura humana e estabelece os vínculos de continuidade entre as gerações que se sucedem. Tarefa essencial em tempos moldados e irrigados pela tecnologia que permite a cada um construir um mundo próprio.

O que pode ser uma rica experiência se conectada a um pertencimento mais amplo, mas pode ser também o deslizamento para uma forma velada de antissociedade, um aglomerado de indivíduos autorreferentes cuja comunicação não passa por uma experiência ou memória comum e se tece apenas com os laços esgarçáveis da banalidade.

O desafio da educação é a formação de indivíduos aptos a pensar pela própria cabeça, capazes de transformar informações em conhecimentos, abertos à inovação e experimentação, afeitos à argumentação e escolha.

A vida em tempos de Internet exige da educação uma metadisciplina — o aprender a aprender, aprender a conhecer e a compreender —, o que implica que a escola seja capaz de desenvolver a aptidão natural do espírito humano a situar as informações num contexto e num conjunto.

O desenvolvimento desta aptidão inclui o estímulo à curiosidade, à experimentação, à colaboração, ao trabalho em equipe, a abertura ao novo, ao desconhecido, ao emergente e ao inesperado. Não por acaso estas competências são o fundamento do pensamento crítico, da inteligência afetiva, da criatividade e da empatia, da capacidade de comunicação e de liderança tão requeridos por uma sociedade, uma economia e uma cultura em processo acelerado de mutação.

A escola é um lugar insubstituível para a formação de valores e regras de convivência fora da família, a iniciação à sociedade, ao mundo individualizado e paradoxalmente coletivo das crianças e jovens que se encontram como desconhecidos e que se tornarão ou não companheiros, amigos e cidadãos.

Aqui, uma vez mais, o cruzamento entre a vida real e o mundo virtual pode se apresentar como um curto-circuito. Nossos alunos passam uma parte considerável de seu tempo no ciberespaço. A virtualidade é a realidade mental do nosso tempo. Desse conjunto plano e indiferenciado de imagens, sons e textos que nos envolve, extraímos o que nos interessa ou nos afeta em função do que somos e de como está nossa mente em cada momento.

Ao construir seu hipertexto com o conjunto de mensagens e imagens disponíveis, cada um cria um mundo próprio que nem sempre é comunicável aos outros. O hipertexto de cada um não é o hipertexto da comunicação mediática. E como não há hipertextos fora de mim, o grande desafio de um mundo saturado de comunicação é a ausência de códigos comuns de comunicação, o que pode levar a um autismo de significados.

## Conviver

A fragmentação trazida pelas novas tecnologias, a coexistência do virtual e do real estariam moldando um novo paradigma e expropriando o campo da educação como prática da liberdade.

Mas há quem resista. Em nome da liberdade, da arte e do amor que a convivência real pode propiciar, recriando laços, valorizando afetos, experimentando uma outra vida que, sem recusar o progresso, ainda se pergunta "saber o quê?". E para quê?

Retomo o alerta de Sherry Turkle sobre o impacto social e psicológico das tecnologias de comunicação. Quanto mais tempo passamos no ciberespaço, mais passamos por uma verdadeira metamorfose. Imperceptivelmente, passamos a depender mais da tecnologia do que uns dos outros. Sem que nos demos conta, somos nós que cada vez mais servimos às máquinas e não elas a nós.

No frenesi da inteligência artificial já se produzem os robôs ditos sociais ou sociáveis, em que atividades eminentemente humanas como cuidar de crianças e idosos passam a ser executadas por máquinas devidamente programadas inclusive para simular emoções.

Ora, um robô, como qualquer máquina ou artefato, não é capaz de sentir nada. Não pode sentir empatia por um ser humano, pode apenas estar programado para simular sentimentos e emoções que é totalmente incapaz de sentir. Não nos entendem nem nunca entenderão, portanto jamais serão capazes de cuidar verdadeiramente de uma pessoa vulnerável, de um idoso ou de uma criança.

Supremo paradoxo: o desenvolvimento da inteligência artificial, da robótica, nos permite atribuir qualidades humanas a máquinas para que elas nos tratem como objetos. Não é neste mundo destituído de sentido e de humanidade que queremos viver. Nem é para esta distopia que queremos formar as novas gerações.

Como vivemos ainda dentro de parâmetros de convivência forjados em uma era pré-virtual, temos esse profundo sentimento de estranheza diante de um mundo que não obedece às normas éticas do mundo em que fomos formados.

No ciberespaço, a ética é um projeto sem futuro ou o ciberespaço é um futuro sem projeto?

De certa maneira confirma-se que o mundo virtual não é senão o rebatimento, uma projeção virtualizada do mundo real. Com uma diferença, trata-se de um rebatimento do mundo real como se estivéssemos no começo dos tempos, sem instituições, sem códigos constituídos de moral ou ética, sem regras de relacionamento entre as pessoas, sem balizas.

Exatamente por todas essas razões a Escola é hoje mais do que nunca insubstituível em seu papel civilizatório, o lugar em que a ética deve ser a coluna vertebral do convívio. E o convívio um valor estruturante.

Um ser humano não é um produto ou uma engrenagem que se fabrica. Ele é uma construção feita de tentativa e erro, experimentação e reinvenção. Tudo isso movido a imaginação e memória, relacionamentos e emoções, fantasias e medos, alegrias e perdas. É isto que faz com que cada trajetória, cada vida seja uma experiência única, imprevisível, que não se imita nem se repete.

Cabe à escola vertebrar o convívio entre seus alunos compensando o mundo invertebrado do ciberespaço, impedindo que sua ausência de ética se transforme na lei da convivência. Que já não se chamaria então convivência, apenas uma coexistência no tempo, desprovida da espessura que os valores éticos conferem à existência de cada um.

À educação cabe transmitir valores, socializar regras de comportamento, ensinar a buscar a informação na Internet, gerar conhecimento e curiosidade de conhecimento a partir dessa informação e motivar o aprendizado.

Não há receita pronta de escola e sim ingredientes a combinar: a aquisição de conteúdos específicos com o aprendizado de competências transversais que permitam aos jovens dar sentido a si mesmos e a um mundo em que terão vida longa e as certezas, vida curta.

A educação, em meio a tantas incertezas, cada vez mais, será uma forma de arte. Anos atrás, visitando Alexander Calder em sua casa no Vale do Loire, fascinei-me pelos seus *stabiles*, essas sólidas estruturas de ferro, estáveis, das quais partem lâminas que, essas sim, se movem ao sabor do vento e encontram cada uma sua forma, sempre cambiante.

Vejo assim a arte de educar. Uma estrutura sólida e a liberdade de cada um para construir o seu destino. A solidez seria dada por conhecimentos estruturantes: a condição humana, em toda a sua complexidade, o respeito ao outro e a sua humanidade, o que significa uma educação à compreensão e o apreço à liberdade e às formas múltiplas da arte, a consciência planetária.

Esse *stabile* educativo deveria permitir que cada um, ao sabor dos ventos que encontrasse, apesar das incertezas, fosse apto a desenhar com movimentos harmoniosos uma vida capaz de produzir sentido e beleza.

# CLARICE: ATRÁS DO PENSAMENTO

Tudo que escrevo aqui é fruto de um encontro perturbador, do meu encontro com a obra de Clarice Lispector. Não sou crítica literária, sou, também eu, uma escritora. E uma leitora que teve a graça de, ainda na tenra juventude, encontrar a obra de Clarice.

Um texto sobre ela não deve ter a pretensão senão de trazer quem nos lê para um universo em que a arte da escrita encontra rara excelência. E a suprema liberdade de ser uma criadora.

No começo era o Verbo e o verbo se fez selvagem, perto do coração de Clarice.

Ninguém escreve para contar o mundo como ele é e sim para dar visibilidade a outro mundo ou para dar a ver o invisível, o que melhor definiria o projeto de Clarice Lispector. Utopia de corrigir uma imperfeição ou ausência, voo para além dos limites de si mesma.

Sobre a ficção disse Vargas Llosa: "Sonho lúcido, fantasia encarnada, a ficção nos completa, a nós, seres mutilados a quem nos foi imposto ter uma vida só e os desejos e fantasias de desejar mil." A ficção ocupa esse espaço de incompletude e sempre significa um lamento de quem escreve e de quem lê, em ambos uma expectativa de ultrapassar suas fronteiras vividas como prisão.

A escrita de Clarice é a que melhor fala, em si mesma, da tentativa de alcançar a liberdade pela criação.

Deixarei a Clarice sua autodefinição — *eu sou uma pergunta* — que nos chega com A paixão segundo G.H. É a tentativa de responder parcialmente a esta pergunta que me leva em sua direção. Sem qualquer intenção de percorrer toda a obra, que é inesgotável, mas modestamente garimpando fulgurâncias, que nos permitem talvez entendê-la.

Perto do selvagem coração da vida, longe da razão que aplaina o mistério, perto da intuição, de assombros e sobressaltos, longe das definições que explicam o mundo, numa terra de ninguém, território insólito do feminino, raiava em 1943 Clarice Lispector. Raiava, a expressão é de Antonio Candido, um dos primeiros a reconhecer, nessa moça recém-saída da adolescência, objeto não identificado das letras brasileiras, a vocação solar que se confirmaria ao longo de quase meio século de escrita.

A escrita da época, afeita a uma literatura voltada para o drama social, previsível em seus conteúdos e realista na forma, foi deixada ao relento pelo transbordamento de uma linguagem em maré-cheia, pela fulgurância de uma autora inclassificável, sem passado na história literária brasileira, excêntrica aos gêneros, estrangeira ao meio erudito. Raiava Clarice Lispector com *Perto do coração selvagem*, título extraído da epígrafe colhida no *Retrato do artista quando jovem*, o que induziu a crítica a encontrar em James Joyce uma influência decisiva em seu estilo.

Toda novidade desnorteia a teoria. *Perto do coração selvagem* desnorteou a crítica que ora pretendia não compreendê--la, ora buscava influências, ora invocava o temperamento feminino: "Apesar da epígrafe de Joyce, que dá título ao livro, é de Virginia Woolf que mais se aproxima a Sra. Clarice Lispector, o que talvez se possa assim explicar: o denominador comum da técnica de Joyce quando aproveitado pelo temperamento feminino", interpreta Álvaro Lins em *Os mortos de sobrecasaca*.

Sabemos hoje, pela própria Clarice, que nem sequer lera Joyce, mas apenas se encantara com uma frase que lhe parecera pura harmonia com o tom de seu primeiro romance. Tampouco sabia, então, da existência de uma escritora chamada Virginia Woolf. O que não significa isolá-la de sua época, ignorando que, como qualquer escritor, ela respira o ar de um tempo que, imperceptível, é, no entanto, vital a sua obra.

Clarice escreve quando o romance moderno, sob impacto de Joyce, Virginia e Proust, derrubara as fronteiras entre realidade e construção do real, entre fato e versão do fato, entre mundo interno e mundo externo. A verdade humana, fugidia, esconde-se na miríade de impressões fugazes que atravessam subitamente a consciência de um personagem, vindas de algum lugar recôndito do inconsciente, impressões que vão tecendo, às vezes pelo avesso, o tecido do real.

Clarice escreve quando a linguagem perdera sua naturalidade, desvendada sua natureza ambígua. Linguagem faca de dois gumes: liberdade que constitui o humano e clausura que estabelece os limites de sua expressão. Sua escrita é encenação desse drama, busca inventiva das portas secretas dessa clausura, exploração de um labirinto que, no entanto, fatalmente se fecha.

A linguagem em Clarice não é um instrumento submisso de descrição do mundo, mas um espaço de invenção, já que mundo não há além daquele que intuímos e aceitamos o risco de tentar dizê-lo. Percurso de acidentes, de renúncias, de impossibilidade, em que se aceita a insuficiência da palavra como tradutora.

Aprendizado da limitação que ela admitia com humildade:

> A palavra tem o seu terrível limite. Além desse limite é o caos orgânico. Depois do final da palavra começa o grande uivo eterno. Mas para algumas pessoas escolhidas pelo acaso, depois da possibilidade da palavra vem a voz de uma música que diz o que eu simplesmente não posso aguentar.

Clarice foi escolhida ao acaso por essa voz. Dizia-se uma pessoa simples, sua obra não lhe parecia hermética ou ininteligível. E não é. Risco é tentar decifrá-la, entendê-la com o instrumento frágil da inteligência, enrugando a fluidez do seu estilo, trazendo-a à força para o território racional de que escapou pelas veredas da iluminação e da sensibilidade.

Risco de desencontro, evitável talvez se registrarmos suas palavras. "A melhor crítica é aquela que entra em contato com a obra do autor quase telepaticamente." Mas essa disposição telepática não é fácil para ninguém.

Quem lê um livro chega ao universo do autor levando consigo angústias do seu tempo e de sua vida, procurando nele o que o habita, querendo decodificá-lo segundo os seus próprios códigos. Por isso, aceitar a sintonia com Clarice pressupõe condições: criar dentro de si um silêncio em que ela se possa fazer ouvir, uma qualidade de escuta, uma disponibilidade indispensável a esse encontro. Talvez essa telepatia que Clarice desejava como maneira de ir ao encontro de um autor exija mais um aproximar-se do que um apropriar-se da obra, uma lógica de proximidade e não de propriedade.

Como aproximar-se de Clarice e do selvagem coração da vida? A escritora e crítica francesa Hélène Cixous queria aproximar-se "claricemente" de Clarice. Como? Talvez prestando a Joana, de *Perto do coração selvagem*, sua primeira anti-heroína, a mesma atenção apaixonada que ela prestava ao mundo.

Ou, mais adiante no tempo, garimpando em *Água viva* que vem a público trinta anos depois, e reencontrando a mesma vigília infernal, as mesmas obsessões que já estavam presentes em *Perto do coração selvagem* e que voltam ao texto. A exemplo do encontro aflito com o tempo que ela chama o instante já, com o sentido ambíguo da vida e da arte que se misturam e se retroalimentam, com a morte inconcebível e insuperável. E com o silêncio, o implacável silêncio de Deus.

E, recorrente na obra de Clarice, a sensualidade na escrita, que obedece ao impulso que vem do corpo, intraduzível sem essa linguagem outra, que Clarice criou como a transcrição de um sonho sonhado em outra vida, e que é o traço inconfundível de sua literatura. É esse traço esboçado nesse primeiro romance de juventude que reencontraremos plenamente afirmado em *Água viva*.

Aproximar-se de Clarice exige mais do que a atenção, mais do que a concentração telepática que ela esperava do leitor. Abrir-se a esse olhar que *Perto do coração selvagem* e *Água viva* lançam sobre nós, deixar-se ler por Clarice, assim como ela se deixa ler pelas coisas, talvez seja o modo de aproximar-se "claricemente" de sua literatura, acolhendo sensações e descobertas que, ao se incorporarem ao nosso dia a dia, já nos aproximam um pouco mais do selvagem coração da vida.

Aproximemo-nos pois de Joana. Joana, sua primeira personagem, Joana é pura vigília. Não tem rosto, dela conhecemos não o perfil, mas as alegrias, não a história, mas a memória. E essa menina nos chega, toda atenção, concentração pura. A ela, Sophia de Mello Breyner poderia ter dedicado seus versos: "Ia e vinha e a cada coisa perguntava que nome tinha."

Menina que bebe o mar e quer morder estrelas, que flagra o tempo que tenta passar despercebido, perguntando-se "o que vai acontecer agora, agora, agora? E sempre no pingo do tempo que vinha, nada acontecia se ela continuava a esperar o que ia acontecer".

Alma atribulada atenta ao ínfimo movimento de tudo que vive, respirando no fôlego do mundo, convivendo com o invisível, pensando sem repouso, ela pergunta a cada coisa mais do que o seu nome, sua razão de ser mais secreta, e essa intensidade no viver cria em torno dela uma camada impenetrável de incompreensão que a afasta da gente comum.

Gente comum como a "mulher da voz", não mais que uma voz, mas que lhe diz — ou ela pensa ouvir — um outro estar no mundo possível, instalada num cotidiano banal, onde se lavam umas peças de roupa, se toma a fresca na janela, mulher sem histórias, cujo presente, passado e futuro é apenas estar viva. "Que compreende a vida porque não é suficientemente inteligente para não a compreender. Enquanto que ela, tão dolorida, à força de lapidar com o pensamento a experiência, suspeita que acaba por perdê-la."

Esse outro eu a fascina porque é imantada pela simplicidade, pelo viver em mera vida. Ambígua, ela ao mesmo tempo inveja e despreza essa mulher.

"Pegou um lápis, num papel rabiscou em letra intencionalmente firme: a personalidade que ignora a si mesma realiza-se mais completamente. Verdade ou mentira? Mas de certo modo vingou-se, jogando sobre aquela mulher intumescida de vida seu pensamento frio e inteligente."

Joana não consegue ignorar-se nem a tudo que a cerca. Suas alegrias de mulher adulta e sua liberdade mesma provêm de "percepções que estão aquém do pensamento". Saber que a terra embaixo dos pés é tão profunda e tão secreta que não há entendimento que dissolva o seu mistério. Ouvir a música que vibra como o pensamento e ver, ver que as coisas trazem a marca da existência, descobrindo que é tudo um, o mar, os bichos, ela mesma, e que isso não se explica sem justamente destruir a essência desse "tudo é um".

Convivemos com ela na alternância do tempo, transfigurado em infância, adolescência nas águas do banho, casamento e separação. Tempo jogado no caleidoscópio de uma mulher casada que espera a saída do marido e, "como se tivesse apenas sido interrompida por ele, continuava lentamente a viver o fio da infância, esquecia-o e movia-se pelos aposentos profundamente só", reencontrando a escuta das coisas, já que "basta silenciar para só enxergar, abaixo de todas as realidades, a única irredutível, da existência".

Joana não é simplesmente uma mulher, é o Feminino em carne viva. Diante dos homens fala uma língua ininteligível, dizendo sentimentos desencontrados que enlouquecem a bússola que norteia o Masculino pelos valores do conhecimento e do reconhecimento. Para o marido, Joana é uma exigência de expansão, de superação de si, uma provação: para o amante, um susto e um fascínio. Para ambos, uma estrangeira.

Um intervalo separa duas claves, duas frases:

Ela — Um ponto, um único ponto sem dimensões, é o máximo da solidão. Um ponto não pode contar nem consigo mesmo, foi-não-foi, está fora de si.
Ele — Está chovendo, estou com fome, o dia está belo.

Esse diálogo de surdos não impede a ternura, tampouco a consciência de que o casamento transforma-a no que ela não é.

Feminino em exílio que contempla, nostálgica, as tardes de costura em salas sombrias onde se espera a hora do banho e do lanche. Horas que teria partilhado com Lídia, a amante do marido, se fosse, também, uma mulher de seios fartos, capaz de acolher a cabeça de um homem. Se também estivesse grávida, se fosse alguém que "não tem receio do prazer e o recebe sem remorsos". Mas não é. "Talvez a dignidade das mulheres fosse específica, estivesse apenas no fato de existirem."

Mas para ela a existência é muito mais que um apenas. Nada é óbvio, nada é dado. Longe das mulheres que se aquecem entre quatro paredes, como um cavalo solto, disparado, ela corre ao encalço do selvagem coração da vida.

Mais do que mulher, mais do que um ser humano, na irmandade com as coisas, ela busca ser parte de um todo, como se viver fosse, em permanência, manter-se na vibração própria à experiência mística, como se um simples abrir de olhos fosse um ato sagrado. E é a sacralidade da experiência, a revelação de cada instante que faz de Joana um personagem grave, solitário e feliz.

*Perto do coração selvagem* é o frasco de essências da obra de Clarice. A maturidade e as experiências da autora ao longo da vida misturaram-se a ele e diluíram-no, refinando seus temas e personagens em livros posteriores, na Virgínia de *O lustre*, na paixão de G.H. ou no aprendizado de Loreley.

A angústia devido à escrita e a suas normas, a revolta contra a condenação ao enredo, que fazem de *Perto do coração selvagem* um momento inaugural na literatura brasileira, anunciam *Água viva*, momento maior do corpo a corpo da autora com o texto, improviso que se deixa viver e se dita a si mesmo, como um sussurro de amantes que ignoram tudo que os cerca e que escapa a sua intimidade.

Escolhi *Água viva* para garimpar porque o livro me parece ser o clímax da liberdade que Clarice conquistou face a si mesma e à linguagem. Em *Água viva*, Clarice, na voz de uma narradora, retoma, desvenda e realiza as promessas de Joana e seu Coração Selvagem e os desafios que ela, Clarice, colocou desde o início à literatura.

*Água viva*, publicado em 1972, é um ato de criação sobre a criação. É a criação se criando, em improviso:

Sei o que estou fazendo aqui: estou improvisando. Mas que mal tem isso? Improviso como no jazz improvisam música, jazz em fúria, diante da plateia. Luto por conquistar mais profundamente a minha liberdade de sensações e pensamentos, sem nenhum sentido utilitário. Sou sozinha, eu e minha liberdade.

Comentando o livro *Uma aprendizagem ou o livro dos prazeres*, publicado em 1969, o crítico Eduardo Portella escreveu: "Mas se nos perguntássemos qual o tema preciso desse romance nós diríamos que é a linguagem."

O romance de Clarice se esquiva ao figurativo, porque sua movimentação tem lugar no interior da linguagem, e a representação da realidade que nos propicia se amplia numa manifestação — para usarmos uma construção dela própria — "mais real do que a realidade", como uma narrativa realista, mas de um "realismo novo", alegórico, metonímico-metafórico.

Com *Água viva* o desinteresse pelo enredo, pela caracterização realista do personagem, que vinha amadurecendo ao longo de sua obra, atinge seu momento maior. Porque, afinal, o que é *Água viva*? É uma obra de ficção? É uma não crônica? É um não romance? A que gênero literário pertence *Água viva*?

E Clarice responde: "*Estou lidando com a matéria-prima. Estou atrás do que fica atrás do pensamento. Inútil querer me classificar: eu simplesmente escapulo não deixando, gênero não me pega mais.*" Quem narra o livro nos faz uma advertência definitiva. "Posso não ter sentido mas é a mesma falta de sentido que tem a veia que pulsa."

Clarice viveu alguns anos em Berna, onde também viveu Paul Klee, que, em seu livro *Teoria da arte moderna*, ensina que a arte não reproduz o visível. Ela torna visível.

Clarice não precisa de enredo, de personagens nítidos, bem desenhados, para tornar visível o que procura. E o que ela procura é a vibração do que está atrás do pensamento. Bastam-lhe as palavras, como a um pintor abstrato as linhas e as cores porque "Não é um recado de ideias que te transmito e sim uma instintiva volúpia daquilo que está escondido na natureza e que adivinho".

E talvez a chave do mistério de *Água viva* esteja na epígrafe que ela escolheu, de Michel Seuphor, um crítico de artes plásticas dedicado à pintura abstrata.

"Tinha que existir uma pintura totalmente livre da dependência da figura — objeto —, que, como a música, não conta uma história, não lança mão de um mito. Tal pintura contenta-se em evocar os reinos incomunicáveis do espírito, onde o traço se torna existência."

É esse lugar atrás do pensamento, os reinos incomunicáveis do espírito, onde a palavra se torna existência, que Clarice busca em *Água viva*. E quanto ao improviso, ainda aqui ela coincide com o impulso criador de Paul Klee que pensava que um dia deveria ser possível improvisar livremente no teclado cromático dos potes da aquarela.

A narradora de *Água viva* é uma pintora — e que é pintora só sabemos por levíssimas pinceladas — que se lança às palavras, à escrita, com o regozijo de quem descobre a liberdade do improviso, algo próximo da liberdade que Paul Klee almejava e que realizou, e anuncia essa aleluia, uma palavra recorrente em Clarice: "Esse não é um livro porque não é assim que se escreve. O que escrevo é um só clímax. Meus dias são um só clímax. Vivo à beira."

*Água viva* realiza assim o que talvez se possa chamar de uma literatura abstrata ou não figurativa assim como existe uma pintura abstrata. O despojamento e, ao mesmo tempo, a fulgurância de uma literatura não figurativa.

*Água viva* não é um livro sem objeto. É um livro-objeto, e essa é a diferença. De uma maneira enigmática, misteriosa, o texto nasce de Clarice, ganha vida autônoma, torna-se obra, objeto autônomo que nos interroga, que joga sobre nós o seu olhar e nos inquieta.

A narradora explica: "Escrever é o modo de quem tem a palavra como isca. A palavra pescando o que não é palavra. Quando essa não palavra, a entrelinha, morde a isca, alguma coisa se escreveu. Uma vez que se pescou a entrelinha, pode-se jogar a palavra fora."

O substrato da literatura de Clarice Lispector está nessas entrelinhas, naquilo que a palavra como isca pescou, e o que ela pescou é o que nos alimenta.

Sua arte maior, como se vê aqui, repousa na maestria com que ela maneja a invenção da linguagem, a forma, em perfeita adequação ao conteúdo.

Em *Água viva*, o texto todo tem como pretexto uma carta que a pintora escreve a um amante que não saberemos jamais quem é. Carta escrita, na verdade, ao leitor porque esse amante sem rosto é ele, já que, no fenômeno da criação, é o leitor quem colhe os frutos da paixão inventiva, é para ele que a autora está escrevendo. Como personagem, esse amante tem tão pouca consistência quanto tinha "a mulher da voz" de *Perto do coração selvagem* ou quanto tinha em *A paixão segundo G.H.* aquela mão que G.H. pedia que segurasse a sua sem o que não conseguiria continuar.

Clarice dá às suas narradoras um interlocutor vago, impreciso, uma alteridade que as ajuda a narrar. Com ele, ela formula a pergunta que se esconde nesse texto misterioso que nos chega na voz de G.H.

"Não, nem a pergunta eu soubera fazer. No entanto a resposta se impunha a mim desde que eu nascera. Fora por causa da resposta contínua que eu, em caminho inverso, fora obrigada a buscar a que pergunta ela correspondia."

Essa resposta que se impunha a ela desde que nascera é o seu poder criativo que, ao longo da vida, construiu uma obra literária luminosa onde a pergunta é ela mesma, essa mulher que não está certa de pertencer ao gênero humano, que alimenta a nostalgia de não ter nascido bicho. E o sentimento de viver na fronteira entre o humano e o animal, alguma coisa que precede a consciência humana, que vem de uma consciência antiga, uma consciência que ainda não é consciência, uma experiência de mundo anterior à sua, que é a dos bichos que não sabem da morte.

Por isso, quando um bicho uiva, ela ouve o chamado, e este chamado se manifesta por uma forma de inquietação que não se exprime, não fala. "Não ter nascido bicho é a minha secreta nostalgia. Eles às vezes chamam de longe muitas gerações atrás e eu não posso responder senão ficando inquieta. É o chamado. Eu estou tentando fotografar o perfume ou reproduzir o gosto com palavras."

Na voz da narradora, o livro retoma uma velha obsessão já presente em *Perto do coração selvagem*, a tentativa de capturar o "instante já" que atraía toda a atenção de Joana. "Tente entender o que pinto e escrevo agora. Vou explicar: na pintura como na escritura procuro ver estritamente no momento em que vejo — e não ver através da memória de ter visto num instante passado."

A menina Joana tem na adulta narradora de *Água viva* uma alma gêmea que ecoa e prolonga seu aflito estar no mundo. Seu tempo é o instante, o agora. Sem passado nem futuro, ela se pergunta então: "*Será que eu passei para o outro lado?*" "O outro lado", diz ela, "é uma vida latejantemente infernal. Latejantemente infernal porque é um estar acordado, estar vivo permanentemente para todo o 'instante já'. O instante que se está passando."

É no "instante já" que Clarice habita sua *Água viva* que se desenrolará em torno de si mesma como as imagens de um caleidoscópio. Convivendo com o invisível, como fazia Joana, enfeitiçada, escrevendo como se fora música que é feita para ser sentida e não compreendida.

*Água viva* põe em cena o ato de criar, é uma autobiografia encantatória de uma artista obcecada pela própria criação. "Eu tomo conta do mundo o tempo todo. Por quê? Porque já nasci incumbida."

Os artistas nascem incumbidos. Estão condenados a dar a ver o invisível, queiram ou não, eles criarão. Que eles sejam pintores, escultores ou escritores, eles criarão, e essa criação é intrínseca à própria pessoa, é útero e placenta dando à luz ela mesma. A narradora de *Água viva* come a própria placenta para melhor amamentar.

Os personagens mais fortes de Clarice são mulheres e criadoras: G.H. é escultora, a narradora de *Água viva* é uma pintora que escreve. Macabéa, seu personagem mais dissonante, é como um avesso, a que não cria nada e ouve na Rádio Relógio o instante que passa em branco.

A criação para Clarice, em palavras suas, é uma aleluia e uma liberdade. *Água viva* é um cântico à alegria da escrita: "Estremeço de prazer por entre a novidade de usar palavras que formam intenso matagal." É a alegria intensa da criação que torna a morte — o grau zero da liberdade — inaceitável. O que foi Aleluia se transforma em Réquiem.

*Água viva* é um pungente réquiem por si mesma, lamento, inconformidade frente ao escândalo da morte. Deslizamento de uma denúncia do "horror alucinante de morrer" para um apelo aflito à presença ou à ausência de Deus. E um pungente pedido de socorro.

> Eu é que estou escutando o assobio no escuro. Eu que sou doente da condição humana. Eu me revolto, não quero mais ser gente. Quem? quem tem misericórdia

de nós que sabemos sobre a vida e a morte quando um animal que eu profundamente invejo — é inconsciente da sua condição? Quem tem piedade de nós? Somos uns abandonados? uns entregues ao desespero? Não, tem que haver um consolo possível... Porque é cruel demais saber que a vida é única e que não temos como garantia senão a fé em trevas — porque é cruel demais, então respondo com a pureza de uma alegria indomável.

Tanto mais inaceitável para o criador que a morte incontornável descria. Daí o convite ao leitor: "Vamos não morrer, como desafio?"

É aqui que Clarice tece armas com a morte, com Deus. "Não vou morrer, ouviu Deus? Não tenho coragem, ouviu? Não me mate, ouviu? Porque é uma infâmia nascer para morrer não se sabe quando nem onde. Vou ficar muito alegre, ouviu? Como resposta, como insulto. Uma coisa eu garanto: nós não somos culpados. E preciso entender enquanto estou viva, ouviu? porque depois será tarde demais."

Clarice Lispector faleceu em 9 de dezembro de 1977, no Rio de Janeiro, na véspera de seu aniversário de 58 anos. No epitáfio, gravado em sua sepultura, lê-se uma frase de G.H.: "Dar a mão a alguém sempre foi o que esperei da alegria."

A vida não enganava Clarice: por baixo dos fatos, do enredo, borbulha a matéria misteriosa de que é feita a existência e é ela que emerge fulgurante em sua literatura vinda de atrás do pensamento.

Clarice não me engana. Entre bicho e mulher, um ser improvável que tudo que queria era a mão que segurasse a sua não encontrou semelhante. Foi única. Como um cavalo solto, solitária e feliz, viveu e escreveu perto do selvagem coração da vida.

# ANTÍGONA

Se todos os livros por um estranho mistério desaparecessem da face da Terra e só *Antígona*, a tragédia de Sófocles, sobrevivesse como testemunho do que teria sido a sensibilidade humana, essa sensibilidade estaria ainda assim bem representada no que ela tem de conflitiva, já que o conflito é constitutivo da identidade de cada um de nós e essa identidade se constrói no encontro com o Outro.

Revisitar *Antígona* no século XXI é cumprir o destino do pensamento ocidental que, em adesão ou revolta, vive seu eterno retorno às tragédias da Antiguidade.

Múltiplas são as oposições ontológicas que a tragédia de Sófocles coube espelhar: o diálogo de surdos entre a juventude e a velhice, os vivos e os mortos, os homens e os deuses, o indivíduo e o Estado, o confronto homem/mulher, a colisão irremediável dos universos contíguos e contraditórios do feminino e do masculino.

Um velho rei e uma jovem princesa, ele falando em nome da Lei da cidade, ela afirmando a lei não escrita, mas eterna, dos deuses que orienta a sua consciência individual.

O crítico George Steiner, que estudou a fundo a peça de Sófocles, em seu monumental *Antigones*, refaz a trajetória da figura mítica de Antígona e resume assim sua importância na reflexão sobre a condição humana e sobrevivência na história da literatura ocidental que não se cansa de revisitá-la.

> Creio que foi dado apenas a um texto literário exprimir a totalidade das constantes principais dos conflitos inerentes à condição humana. Essas constantes são cinco: o enfrentamento entre homens e mulheres, a velhice e a juventude, a sociedade e o indivíduo, os vivos e os mortos, os homens e os deuses. Os conflitos que decorrem desses cinco tipos de enfrentamento não são negociáveis. Os homens e as mulheres, os velhos e os jovens, o indivíduo e a comunidade ou o Estado, os vivos e os mortos, os mortais e os imortais se definem no processo conflitivo através do qual eles definem o outro. Voltar a si, viagem primordial, é se chocar de modo polêmico com o outro. Os limites que condicionam a existência da pessoa humana são fixados pelo sexo, pela idade, pela comunidade, pela oposição entre a vida e a morte, e o potencial de encontros aceitos ou recusados entre o existencial e o transcendente.

Apesar de ter sido talvez o texto mais recriado da história da literatura em múltiplas e insólitas versões espalhadas por tantas culturas e pelo talento de autores que vão de Racine a Hegel, de Cocteau a Brecht, a *Antígona* de Sófocles sobrevive intacta.

Ora, nos livros da minha infância as princesas se casavam com príncipes e eram felizes para sempre. Na adolescência, caiu-me nas mãos a história de uma princesa que não se casou com um príncipe, embora fosse sua noiva e eles não foram felizes para sempre.

Essa princesa tebana, filha do rei Édipo, filha do incesto de Édipo e da rainha Jocasta, descendente da nobre e maldita casa real de Laio, invadiu a minha vida e sacudiu o meu imaginário. É essa história contada por Sófocles no ano 442 antes de Cristo que vinte e cinco séculos depois me proponho a revisitar.

É madrugada em Tebas quando, na véspera de seu noivado com o filho do rei, Antígona desliza para fora dos muros do palácio. Desafiando a proibição decretada pelo rei, seu tio, Creonte, ela vai cobrir de terra os despojos de Polinices, seu irmão, o filho rebelde de Édipo, morto em combate fratricida contra Etéocles, depois de conduzir o ataque de sete príncipes estrangeiros contra sua cidade natal.

Cada passo daqueles pés descalços na planície de Tebas aproxima Antígona de seu destino e põe em movimento a engrenagem da tragédia. A tragédia é o choque entre duas razões, duas verdades, duas lógicas. *Antígona*, de Sófocles, é o arquétipo da tragédia.

O enfrentamento entre a filha de Édipo e o rei exprime não apenas o conflito irredutível que opõe uma mulher a um homem ou os imperativos da consciência privada ao dever público, mas sobretudo o contraste entre a lógica do espaço público e a do espaço privado.

Creonte é o senhor do espaço público. Neste território proibido às mulheres são os homens que fazem a Lei e ditam o Direito em nome da razão de Estado. Mas quando Creonte, invocando o interesse da cidade, proíbe que Polinices seja enterrado, Antígona se revolta.

Enterrar os seus mortos segundo os ritos funerários que garantem a acolhida no mundo dos mortos é uma atribuição feminina. É um direito e um dever seu. Ela não é uma mulher como as outras. É filha de Édipo, *"filha selvagem de um Pai e Rei selvagem"*. Nascida da transgressão, condenada a transgredir.

Antígona foge do palácio levando consigo a irmã Ismênia. Nessa primeira incursão na clandestinidade das duas filhas de Édipo, Antígona confronta Ismênia à escolha que determinará, a seus olhos, se a irmã é fiel a sua estirpe ou se perdeu, no medo, a nobreza dos sentimentos.

Para se afirmar como verdadeira herdeira de Édipo, Ismênia deve acompanhá-la na missão que Antígona se atribui como vital: enterrar o irmão, Polinices, vítima e fratricida de Etéocles, tombados ambos numa guerra suja pela sucessão ao trono.

Dois filhos mortos, duas filhas vivas: é o que resta agora da linhagem de Édipo.

Creonte, que ocupa o trono, escolheu Polinices para o papel de traidor e Etéocles para o de herói. Etéocles será enterrado segundo os ritos e terá assegurada sua acolhida entre os mortos. Polinices será transformado em carniça, morto sem sepultura, alma condenada a penar sem jamais encontrar repouso.

Esse é o decreto do rei, a Lei da cidade. Contra ele se insurge Antígona, decidida a enterrar o irmão, salvando-lhe assim a alma e arrostando, nesse gesto, a condenação à morte.

A este decreto, Ismênia sua irmã se curva, porque a Lei da cidade não pode ser ignorada e, sobretudo, porque "somos apenas mulheres: a natureza não nos fez para lutar contra os homens; estamos subordinadas a senhores, portanto obrigadas a obedecer a suas ordens — a estes e a outros mais severos... Sendo mulheres não teremos jamais razão contra os homens".

Ismênia sabe que insistir na transgressão é deixar-se seduzir pelo impossível. Mas o impossível é o horizonte de Antígona e ei-la pronta a cometer um tríplice crime político: ultrapassar os muros da casa, reduto protegido do feminino; entrar na política pela subversão da lei; e, finalmente, desafiar não só a lei do Estado, que condena seu irmão, mas a lei dos homens, que a condena, mulher, ao silêncio.

Diante de Antígona, Ismênia é contraponto, enunciando o Sim, moldada na adequação, conforme à norma, olhar baixo e assentimento. Sua obediência é vazada e atravessada em raio pelo Não de Antígona.

Ismênia e Antígona são duas versões do feminino, dois possíveis no diálogo conflitivo do feminino consigo mesmo: aceitar as leis fundadoras que separam estritamente o mundo dos homens e o mundo das mulheres, submetendo este àquele, ou subverter essa ordem, atravessando a fronteira entre o doméstico e o político.

O luto silencioso teria protegido o corpo inquieto e já condenado que ganha a planície e vai ao encontro do seu destino, deixando para trás as certezas da casa real a que pertence, o conforto do gesto repetido e aprovado, aplaudido e esperado. Do lado de fora, para além das fronteiras da casa, espera-a um conflito maior, mais irredutível, mais fatal. Diante dela ergue-se agora o tio, o rei, o homem.

Creonte entra em cena para cumprir o seu papel. Suas primeiras palavras, seu discurso aos cidadãos, sua plataforma de governo são uma afirmação categórica do primado do público sobre o privado, execração da lealdade familiar que põe em risco o bem comum.

"Quem imaginar que se pode amar uma pessoa acima do seu país, aos meus olhos, não merece respeito."

Creonte está no poder para manter a lei contra tudo e contra todos, não o abala o espetáculo repugnante do corpo de seu sobrinho deixado aos abutres. Ao contrário, encontra justificativa na certeza inabalável, cega a tudo mais que não seja o cumprimento do seu dever, de que não pode ceder à tentação do apelo afetivo que comove e enfraquece a integridade da *polis*. É essa certeza que tece os fios da teia em que ambos, Creonte e Antígona, se enredarão sem salvação possível.

Mais alguns minutos e ei-lo diante de uma menina desgrenhada, com as unhas sujas de terra, arrastada pelos cabelos por seus guardas como uma delinquente qualquer, princesa insolente que escapuliu de casa e da vida na véspera de se tornar a mulher de seu filho, Hemon, e, mais tarde, a mãe de seus netos.

Face a face, Creonte e Antígona vão encenar a oposição irreconciliável de contrários, de naturezas distintas, e o enfrentamento da lógica do masculino com a lógica do feminino, da juventude e da velhice que, ao longo da história humana, se mantiveram tão radicalmente estrangeiras.

Para Creonte, o triunfo de Antígona o desloca de sua posição de homem: "Essa mulher já mostrou sua insolência ao passar por cima das leis estabelecidas. Agora, já não serei mais eu, será ela o homem, se tiver, impunemente, tal triunfo assegurado."

E Creonte pergunta: Responda sem frases, com uma só palavra. Conhecias a proibição que eu havia proclamado?

Antígona: Sim, eu a conhecia: como poderia ignorá-la? Ela era absolutamente clara.

Creonte: E ainda assim ousaste desafiar a minha lei?

Antígona: Sim, porque não foi Zeus que a proclamou. Não é a Justiça sentada ao lado dos deuses infernais; não, estas não são as leis que eles fixaram para os homens, e eu não pensava que tuas proibições fossem tão poderosas a ponto de permitir a um mortal transgredir outras leis, as leis não escritas, inabaláveis, dos deuses. Estas não têm data, não são de hoje nem de ontem, ninguém sabe o dia em que foram editadas.

Em relação a estas leis poderia eu, por medo de quem quer que fosse, me expor à vingança dos deuses? Que eu devesse morrer, eu não o saberia? Mas morrer antes da hora, digo em alto e bom som, para mim, tudo é lucro: Morrer, para mim, não é um sofrimento. Seria um sofrimento se, ao revés, eu tivesse tolerado que um filho de minha mãe ficasse sem sepultura. Daquilo, sim, eu teria sofrido; disto eu não sofro.

A ti eu pareço sem dúvida agir como uma louca. Mas o louco poderia muito bem ser aquele que me trata de louca.

Creonte tem diante de si a filha de Édipo, que ele reconhece como a filha intratável de um pai intratável que não a ensinou a ceder aos golpes do destino.

Antígona sabe que nasceu para o amor e não para o ódio e que nada a consolaria se deixasse sem sepultura um corpo nascido de sua mãe. Também sabe que as leis que desafia valem menos que outras, que vigoram desde o princípio dos tempos e que ninguém escreveu porque foram promulgadas pelos deuses.

Creonte:

Esta menina já mostrou sua insolência ao desrespeitar as leis estabelecidas; e o crime, uma vez cometido, é uma insolência a mais da qual ela se vangloria. Doravante, não sou mais eu, é ela que é o homem se assumir impunemente tamanho triunfo. Pois bem, não!

Anarquia. Não era o poder inconteste?

A anarquia é o pior dos flagelos; ela arruína as cidades, destrói os lares, rompe as frentes de combate, semeia o pânico enquanto que a disciplina salva os que ficam em seus lugares. Por isso o nosso dever é defender a ordem e jamais admitir que uma mulher leve a melhor. É preferível tombar, se necessário, pelas mãos de um homem, do que ser considerado vencido por uma mulher.

Inadmissível inversão das regras do mundo. Emergência de uma razão outra, alternativa ao senso comum, que vai ser a matéria da tragédia. À razão posta em questão só resta o recurso do assassinato ou do suicídio. Porque ela não é apenas uma expressão do poder discricionário, mas uma razão convencida de si mesma. O destino de Antígona está escrito sem apelação possível.

Creonte ainda tenta uma argumentação. O inimigo morto não é nunca um amigo.

Antígona rebate: Eu sou daquelas que amam, não dos que odeiam.

Creonte: Pois bem, se o que queres é amar, vai debaixo da terra amar os mortos! A mim, enquanto eu viver, não será uma mulher que ditará a lei.

Jean Anouilh, na sua versão de *Antígona*, encenada na França ocupada pelos nazistas, explicita numa fala da prisioneira uma dramática inversão de poder. Creonte é rei e como rei é um escravo da sua própria lei e, portanto, não tem como não condenar à morte a noiva de seu filho e a futura mãe de seus netos.

Antígona, insolente, o desafia: Eu, com as minhas unhas sujas de terra, com as marcas da brutalidade de seus guardas ainda no meu corpo, com o medo que me sobe do ventre, eu, eu sou rainha!

O texto de Anouilh é a ilustração dramática do limite do poder que encontra sua fronteira última na autonomia do Outro que, para além do medo, aceita a morte.

Desfazendo-se de Antígona, Creonte não escapa ao novo conflito que o espera. Hemon, seu filho, já acorre aflito, desesperado pelo destino de sua jovem noiva de um casamento inconcluso.

A lógica do masculino esbarra aqui em outra versão do masculino. A velhice encontra uma vez mais o frescor contestatário da juventude.

Assim como, na abertura da peça, Ismênia aparece como uma voz apaziguadora do conflito, agora será a vez de Hemon oferecer ao pai uma versão mais doce dele mesmo, mais flexível, menos absoluta em seus julgamentos, menos detentora de uma verdade única.

Hemon: Pai, eu te pertenço. Teus conselhos são sempre bons, que eles me tracem o caminho e eu os seguirei. Não há casamento que me seja mais útil do que te ter como guia.

Creonte: Sim, meu filho, esta é a regra que deves guardar no fundo do teu coração: obedecer sempre à vontade de teu pai. É por isso que os homens desejam ter em seus lares filhos dóceis: é para que eles os vinguem de seu inimigo e honrem seu amigo tanto quanto a si mesmos. Não, meu filho, não perca jamais a razão pelo prazer que uma mulher possa te dar, saiba que é um abraço gelado que te oferece uma esposa malvada.

Se eu tolerar a desordem em minha casa, o que vai se passar do lado de fora? O homem que se comporta como deve em casa fará prova do mesmo valor na cidade. É ele que a cidade colocou para governá-la ao qual todos devem obediência, nas coisas mais insignificantes, no que é justo e no que não é. (...)

Não existe flagelo maior do que a anarquia. É ela que destrói os Estados, que arrasa as casas, que, no dia do combate, rompe a frente dos aliados e provoca as debandadas, enquanto que, do lado dos vencedores, quem salva as vidas? A disciplina.

Eis por que convém respeitar as medidas para impedir a desordem, e não ceder jamais diante de uma mulher, sob qualquer pretexto. Mais vale, se necessário, sucumbir sob a espada de um homem, de tal modo que não se diga que nos submetemos às ordens das mulheres.

A juventude de Hemon, seu frescor diante da vida, ousa abrir o debate sobre o que é a verdadeira sabedoria: arte de aprender que nada tem de vergonhoso e a aceitação do limite do poder para que não se torne tirania. Alerta o pai que não existe uma cidade que seja propriedade de um só e que persistir em seu edito faria dele o comandante solitário de uma cidade vazia.

Ele propõe a Creonte a imagem das árvores que, num vendaval, sabem se curvar e salvam seus galhos frágeis enquanto as mais rígidas acabam desenraizadas. Um coração capaz de voltar atrás no ódio, de ceder à ternura, seria a garantia de uma existência mais fértil e de um melhor governo.

Mas Creonte existe, assim como Antígona, na clave do absoluto. A seus olhos Hemon aliou-se às mulheres, deixou portanto de ser um homem e foi por elas escravizado, tornando-se joguete do inimigo e porta-voz de uma linguagem ininteligível.

Hemon, versão diluída do masculino; Ismênia, versão diluída do feminino, são coadjuvantes da tragédia de Creonte e Antígona, os mais autônomos personagens da literatura antiga. Autônomos no sentido próprio da palavra, dos que se regem por lei própria.

Antígona e Creonte são necessários um ao outro, um é a imagem invertida do outro, o outro do outro, imersos ambos numa mesma paixão obsessiva de cumprir implacavelmente um destino. Como espelhos paradoxais, Antígona e Creonte refletem, em cena, a inegociável dessemelhança sexual que é feita, ao mesmo tempo, de estranheza e encantamento.

Feminino e Masculino dialogam em contradita: Antígona fala com o corpo, seu centro é fora do tempo, sua temporalidade é o sempre, familiar por isso mesmo com o mundo dos mortos, o antes e o depois que envolvem a transcendência. Creonte é a contingência do agora, cuja temporalidade é histórica. Fala com a Razão que a política se atribui.

Creonte detém o poder temporal de jogar com os vivos e os mortos. Se Polinices teve, ao corpo destroçado, recusado o abrigo da terra, Antígona paradoxalmente será enterrada viva. Seu lamento derradeiro, sob seu último sol, se volta para o destino de mulher que ela poderia ter tido e que não teve e é, nesse momento de morte, sua única concessão à fragilidade.

Ela chora a felicidade conjugal perdida, os filhos que não terá, o canto do Himeneu que não ouvirá e se dirige aos seus mortos.

Queridos pais, eis-me aqui, virgem e maldita que volto a vossa morada (...) Creonte me prende, me priva de núpcias, de meu destino de esposa e mãe; sem amigos, sozinha, desço viva ao reino dos mortos: qual foi o decreto divino que violei?

Fragilidade da coragem, pois que nada mais é temor nesse espírito que não visava ao poder temporal e sim o respeito à natureza que une os seres para além da vida e da morte, do tempo e da história; a feminilidade que chora a perda, na vida da mulher, mãe e esposa.

A grandeza do personagem de Antígona vem também dessa fraqueza que a invade na hora da morte, que não se parece com o arrependimento, mas é um sentido agudo da tragédia que a atingiu, esmagando suas reservas de ternura.

Privada das lágrimas de luto, sem amigos, sem marido, eis-me aqui, infeliz, tragada pela via que se abre diante de mim. Ó sepultura, câmara nupcial, refúgio subterrâneo, minha prisão para a eternidade.

Indo em vossa direção, vou em direção aos meus, que já mortos são os hóspedes de Perséfone, e rumo aos quais eu desço, a última das miseráveis, antes de ter usado em plenitude minha porção de vida.

Pelo menos, ao partir, guardei a esperança de chegar às profundezas como a filha querida de meu pai, querida de ti, mãe, querida de ti também, irmão bem-amado, pois que sou eu que com minhas mãos lavei e revesti vossos corpos. Eis que abandonada de todos, miseravelmente, desço, em vida, ao refúgio subterrâneo dos mortos! Que direito divino terei ofendido? De que me adianta dirigir meu olhar aos deuses? Não tenho aliados aos quais apelar; minha piedade me valeu o renome de ímpia.

Ó terra de Tebas, cidade de meus pais! Deuses autores de minha raça! Vejam, ó filhos dos chefes de Tebas, a única que sobrevive das filhas de vossos reis, vejam o sofrimento que lhe é imposto por haver respeitado o dever da piedade.

Antígona reivindica ser a última da linhagem de Laio. A seus olhos, Ismênia perdeu os direitos a essa herança real que, em suas hesitações, desonrou.

O lamento final de Antígona é um dos textos mais pungentes que a literatura produziu. Ela encarna a solidão como um sentimento absoluto, seu lugar é um exilio sem lugar. Enterrada viva ela não pertence nem aos vivos nem aos mortos, nem à vida nem à morte. Sua lucidez, sua tentação do desespero, sua fala a si mesma e a seus mortos, seu heroísmo torna a tragédia mais devastadora. Os deuses não a escutam, um ato de justiça gerou uma abominável injustiça.

Ela está só, nas trevas, despida de qualquer socorro e os deuses se calam. Os deuses não são justos. Séculos mais tarde um homem diria, em um momento de solidão igualmente radical, Senhor, meu Pai, por que me abandonaste?

Enquanto Antígona, privada da luz, diz seu lamento, sobre Creonte se abatem as trevas do mau presságio. A previsão do vidente Tirésias é implacável.

Tirésias (falando com Creonte):

Entenda que desta vez estás com o pé sobre o fio cortante de teu destino. Nossos grandes altares, nossos pequenos lares se encontram todos igualmente conspurcados pela carcaça oferecida aos pássaros e aos cães, por esta carne do pobre filho de Édipo, tombado no campo de batalha. (...) Pense nisso, meu filho. O erro é frequente entre os mortais, mas o erro uma vez mais cometido, seu autor deixa de ser um tolo, um infeliz, que sabe se curar do mal que o afligiu. Vai, cede ao morto, não procure mais atingir quem não está mais aqui. Seria acaso uma proeza matar pela segunda vez um morto?

Tirésias sabe ler os indícios que sua arte de vidente recolhe.

Pois bem, siga em frente e verás que, antes que o sol termine seu curso impaciente, terás tu mesmo fornecido, em troca de um morto, um morto saído de tuas próprias entranhas. Pagarás assim o crime de ter precipitado os vivos no reino dos mortos, de ter relegado uma vida humana a uma sepultura ao mesmo tempo que reténs sobre a terra um morto que pertence aos deuses infernais, um morto que frustras de seus direitos, das oferendas, dos ritos que lhe são devidos. É por isso que as Erínias, as executoras do inferno e dos deuses, às vezes lentas, mas sempre seguras, estão aqui, te espreitam e vão te prender na tua própria rede de desgraças.

O desfecho é bem conhecido. Creonte é lembrado pelo Corifeu de que Tirésias nunca pronunciou sobre a cidade uma mentira. Ele tenta voltar atrás e, salvando Antígona, evitar que a dor se espraie, contaminando tudo e todos. Tarde demais, Antígona já havia se suicidado. Hemon mata-se na frente do pai e Eurídice, mulher de Creonte, inconformada com o suicídio do filho, o acompanha na morte.

Resta a Creonte, como antes a Antígona, o lamento, invocação da morte — esperada, desejada, urgente —, porque possível encontro marcado com os seus. O poder temporal, vencido, humilhado, dissolve-se na esperança de um outro mundo de tempo infinito.

Ah, razão que é desrazão, triste tolice das decisões que tomei! Ah, filho meu, uma jovem morte se apoderou de tua juventude! Morreste e partiste, sucumbindo a uma demência que foi minha, não tua! Não sou nada mais do que um nada doravante. Ah, que venha então, que me apareça a mais bela das mortes, a que será o fim de minha vida. Que jamais eu reveja um amanhã!

Levem para longe daqui o louco que te matou, meu filho, sem o querer, e esta (Eurídice), igual a ti. Desgraçado, não sei o que fazer nem de qual dos dois me ocupar. Tudo vacila entre minhas mãos, sobre minha fronte se abateu um destino pesado demais a suportar.

As tragédias gregas se inspiram da convicção de que as forças que constroem ou destroem nossas vidas escapam ao domínio da razão ou da justiça. Essas forças impiedosas e sobrenaturais nos induzem a agir contra nós mesmos, ocultam o erro, nos tornam dementes e corrompem nossa vontade de tal forma que nos tornamos os algozes de nós mesmos e os assassinos de quem mais amamos.

Antígona sabe o que vai lhe acontecer, mas entre esse saber e o seu agir há um abismo que é preenchido pelo querer implacável dos deuses. Uma força mais forte do que ela a impele a seguir rumo à desgraça.

Antígona e Creonte tombam prisioneiros de suas verdades. O conflito que os opõe é sem saída. Suas lógicas se negam e se excluem sem transigência possível. Antígona não pode nem quer contemporizar. Seus atos a condenam.

Creonte pode apenas confirmar uma sentença já contida na proibição que Antígona escolheu transgredir. Se Antígona deve desafiar Creonte para cumprir seu destino, para ele, o rei, o Homem, seus atos são desvario, loucura, desordem que leva ao caos. Ambos serão punidos, mas a lei dos homens permanece a lei da sociedade.

Condenada ao exílio perpétuo, culpada de invadir o território dos homens com a lógica do feminino, Antígona será banida do mundo dos vivos sem encontrar abrigo ou repouso no reino dos mortos. Nem mesmo a filha de Édipo pode, impunemente, subverter a ordem do mundo.

O mito de Antígona atravessou os tempos como o eco insistente de uma voz a cada vez reencontrada. Nascida do imaginário humano, o imaginado, como num sonho recorrente, repercute representações fundamentais de nossa dissemelhança sexual.

Como bem lembra George Steiner, assim como Édipo, Electra, Prometeu ou Ícaro, Antígona, enquanto figura mítica, é uma "personificação coletiva" e seu enfrentamento com Creonte encena um conflito psicossocial primordial: a segregação de homens e mulheres em territórios físicos e psíquicos separados, assimétricos e complementares.

Tanto quanto as mãos espalmadas no fundo das cavernas ou os templos erguidos nas colinas à glória dos deuses, os mitos são testemunhos do fenômeno humano. São ondas do inconsciente coletivo que vêm dar nas praias de todos os séculos. Chegam a nós sempre os mesmos, mas reinventados. Despertam sentimentos contraditórios, uma espécie de memória do já vivido — e por isso reconhecível —, mas também a surpresa do inédito. Os mitos são feitos de agora e de outrora.

Antígona é um desses mitos, talvez o mais persistente, que vem envolvendo gerações com sua força encantatória, provocando identificações, servindo de metáfora a oposições irreconciliáveis. Cada geração visita Antígona com a angústia do seu conflito e encontra nela um espelho que preenche com as imagens e os fantasmas do seu tempo.

De Aristóteles a Lacan, o pensamento ocidental tem mergulhado na tragédia de Sófocles, no enfrentamento de uma jovem princesa rebelde e de um velho rei implacável para, através dele, dramatizando seu tempo, evocar o choque da consciência privada com o poder do Estado.

Atualiza-se neste tempo em que nossa atmosfera social tornou-se irreconhecível pela quebra do paradigma ancestral que separava o mundo público dos homens e o mundo secreto das mulheres. Na evocação atual de Antígona ecoa a inconformidade de gerações de mulheres que, nas últimas décadas, recusaram o decreto da ausência e de silêncio que as excluía do político, desafiaram a condenação social e pisaram, ainda que com passo incerto, os territórios do masculino.

Esse eco vem se fazendo tanto mais audível quanto — passados os primeiros esforços para se tornarem presentes e eloquentes — as mulheres buscam, nessa presença e palavra, afirmar a lógica do feminino.

Se nos primeiros tempos as mulheres exercitavam-se na lógica do masculino como numa língua estrangeira para melhor se fazerem entender no espaço público e ainda assim encontravam resistências e incompreensões que lhes pareciam injustas e excludentes, hoje muda o tom no acidentado diálogo homem/mulher.

A voz feminina evoluiu da modesta ambição de se fazer simplesmente ouvir no espaço público para, bem mais contundente e infinitamente subversiva, lá tentar dizer a Razão do Feminino. Reencena-se assim, no enfrentamento contemporâneo, o desafio de Antígona e Creonte.

No espelho de Antígona, em que tantas se quiseram ver refletidas, as mulheres de hoje descobrem um rosto arquetípico. Em tempos de oposição irredutível, a frágil princesa tebana, que, afirmando lei própria, negou a autoridade do rei e do Homem, pele nua do feminino, volta ao proscênio, viva, fugitiva do esquecimento, e acena às novas gerações.

# LIBERDADE, ESSA PALAVRA...*

Hoje é um dia luminoso em minha vida. Ser acolhida na Academia Brasileira de Letras é, para uma escritora, mais do que uma intensa emoção, mais do que uma honra, um cálido sentimento de pertencimento a uma linhagem de criadores em língua portuguesa, mulheres e homens que vêm há mais de um século, com seu imaginário, arte e cultura, ciência e gestos fundadores, mantendo vivo o fio civilizatório que nos preserva da corrosão do eterno presente.

Essa é uma casa em que passado e futuro convivem, memória e projeto, como convém aos que se sabem mortais, vítimas inescapáveis de um corpo perecível, nosso melhor companheiro, esse monstro dissimulado que, como adverte

---

* Síntese do discurso de posse na cadeira 10 da Academia Brasileira de Letras, fundada por Rui Barbosa, pronunciado no dia 14 de junho de 2013.

Marguerite Yourcenar, com certeza um dia nos trairá. Apesar disso somos servidores fiéis da imortalidade que a obra confere à fragilidade do destino humano, inscrevendo-nos na já tão longa e admirável trajetória "desse bicho da terra tão pequeno".

Saibam, senhoras e senhores acadêmicos, que lhes sou infinitamente grata por me permitirem associar-me a tão nobre missão. Nas palavras inesquecíveis de Machado de Assis, à "glória que fica, eleva, honra e consola".

Meu antecessor na cadeira 10, o poeta Lêdo Ivo, em seu discurso de posse, lembrando Rui Barbosa, disse ser ela a cadeira dos exilados. Seus ocupantes foram homens que provaram da diversidade — e alguns da adversidade — inerente à vida longe da pátria, construíram-se e enriqueceram suas almas no confronto de outras culturas para melhor amar e dedicar-se à civilização brasileira.

Inscrevo-me assim nessa estirpe que me é bem conhecida, a dos que estreitaram seus laços com a pátria e a língua portuguesa pelo avesso da ausência e da privação.

Todo exilado tem com o passado uma relação peculiar. Sabe que é nele que seu futuro um dia virá se prender, como o elo quebrado de uma corrente brutalmente interrompida. A condição de exilado é um estar no mundo precário, é ser definido pelo passado e ter no passado o sentido do futuro.

No inventário de suas múltiplas perdas a língua materna é para o escritor exilado a mais inconsolável, vivida como irreparável como seria para o pintor a súbita e inexplicável paralisia das mãos.

Senhoras e senhores acadêmicos, sou grata à generosidade com que me abrigam nessa casa, templo da língua portuguesa, à qual chego com a mesma alegria com que um dia, de volta do exílio, pisei o chão de terra da casa paterna. Aqui estou pronta ao convívio dos meus, os criadores em língua portuguesa.

Não desconheço as responsabilidades que são a contrapartida de tão grande honraria. Ocuparei a cadeira fundada por Rui Barbosa e que tem como patrono Evaristo da Veiga.

Terá sido com Evaristo da Veiga que primeiro aprendi que os brasileiros eram uma brava gente e que a liberdade já raiara no nosso horizonte. Não sabia a que ponto as palavras do Hino da Independência, cantadas com ardor na escola pública da minha infância, calariam na jovem e na mulher que eu viria a ser.

"Longe vá temor servil" terá sido uma divisa que, associada à ânsia de liberdade, me inspiraria por toda vida.

Evaristo da Veiga é um jovem de 23 anos quando o Brasil se torna uma nação independente. Em 1827 ingressa no recém-fundado jornal *Aurora Fluminense* de que logo se torna proprietário. Deputado por Minas Gerais, jornalista combativo, essa será sua verdadeira tribuna para defender os princípios liberais.

No número 42 desse jornal, com penetrante capacidade de antecipação, defende ideias que são até hoje caras à democracia. Elogia as liberdades constitucionais como fermento da jovem nação e reconhece, como seu garante, "o poder invisível da opinião".

Jornalista, político, livreiro, tradutor, Evaristo da Veiga falece aos 38 anos, no Rio de Janeiro, sua terra natal, deixando às gerações futuras um sábio conselho e uma missão:

Não temais ímpias falanges
Que apresentam face hostil
Vossos peitos, vossos braços
São muralhas do Brasil.

Brava gente Brasileira...
Conselho e missão, que hão de ter calado fundo em Rui Barbosa, que o escolheu como patrono da cadeira 10 e cuja vida pautou-se pela confiança na capacidade do povo brasileiro de constituir-se como uma grande nação.

De Rui é Bolívar Lamounier quem traça retrato conciso e definitivo. "Suas diferentes facetas de advogado, jurista, político, jornalista e orador parlamentar se interligam e compõem um denso e articulado discurso, cujo objeto é a formação da esfera pública e a construção institucional da democracia no Brasil."

A lei e a liberdade são os compromissos inarredáveis desse brasileiro, primeiro de uma linhagem ilustre do que chamaríamos, hoje, um intelectual público, em quem pensamento e ação, emoção e razão, vida e obra convergem e se retroalimentam na devoção a uma causa.

Principal expressão da cultura jurídica brasileira, construtor de instituições, defensor de um liberalismo democrático nos albores da República Velha ainda profundamente marcada pela abominável escravidão, Rui Barbosa, em seu empenho de modernizar estruturas arcaicas, em vida e postumamente encontrou fortíssimas resistências.

Foi acusado de "moralista, idealista utópico e reacionário" por não poucos arautos da transformação social que, desdenhosos da democracia, a consideravam "uma ideia fora do lugar", abstração jurídica em um universo concreto de miséria.

É de San Tiago Dantas, outro eminente intelectual público, a definição de Rui como "o estadista do progresso", símbolo de uma classe emergente:

> Foi no correr da campanha civilista que Rui Barbosa se tornou o herói popular legendário, cujo culto continua vivo no país. Tudo na sua figura, no seu pensamento, no seu destino, dele faz o herói dessa burguesia nascente, que encheu o vazio interno da sociedade de senhores e escravos, e que ainda hoje não completou sua longa, difusa, mas constante ascensão.

Em sua memorável conferência de 1919 sobre a questão social, Rui, crítico acerbo do poder militar, proclama: "Às majestades da força nunca me inclinei. Mas sirvo às do direito. Sirvo ao merecimento. Sirvo à razão. Sirvo à lei. Sirvo à minha pátria."

Nesse mesmo admirável texto, celebra a mudança pela qual passa a concepção individualista dos direitos humanos, matizada por uma extensão cada vez maior dos direitos sociais, introduzindo em filigrana o conceito de cidadania.

A ação diplomática de Rui Barbosa, defensor em Haia da democratização do espaço internacional, volta à cena no tempo presente quando a globalização coloca o desafio da construção de uma governança democrática que realize a promessa e esperança do século XXI de fazer do planeta uma Terra Pátria.

Que instituições garantirão a paz e o futuro dessa Terra Pátria, acolhendo as diversidades de que é feito o humano, assim como de diversidades é feito o Brasil e são elas que o fazem mais rico e exemplar.

Quisera estivesse conosco hoje Rui Barbosa para, inspirado na experiência brasileira e revivendo o espírito de Haia, defender na difícil e necessária convivência entre os povos o direito de todos à dignidade, ao seu lugar e sua voz.

A Academia Brasileira de Letras, que ele presidiu por oito anos, preserva como um tesouro a memória de grandes homens porque sabe que o que os faz grandes é a mensagem que não se esvai no tempo, inspira o presente e ecoa no futuro, tecendo o fio civilizatório a que me referi.

(...)

Quem conviveu com Lêdo Ivo — e é, para mim, senhoras e senhores acadêmicos, uma honra sucedê-lo nesta cadeira — sabe que também ele guardava em si a capacidade de maravilhar-se, uma perpétua infância. A infância cobrou de sua poesia o tributo aos anos fundadores de uma vida longa e riquíssima em experiências que iriam se transmudar na impressionante obra poética que Lêdo Ivo nos legou.

As vozes longínquas que atribuiu a Orígenes Lessa também o envolviam com seus murmúrios, ditando a magia da linguagem. Era assim que Lêdo definia a poesia, "magia da linguagem inventada pelos homens".

Sua poesia nutria-se da vida oculta e nebulosa da memória, onde recriava e revivia os mangues, as praias, os morcegos, os apodrecidos ancoradouros das Alagoas. Nascido em Maceió em 1924, sua obra será, por toda a vida, um retorno a essas terras alagadas, a esses encontros com o mar, às praias onde conheceu o amor e a alegria que, em seus versos, ocupariam um ponto de ouro.

Em suas *Confissões de um poeta*, Lêdo nos conta:

> À noite, antes de dormir, eu arquitetava minhas histórias. Das sobras do dia gasto, dos retalhos refugiados pelo varejo dos instantes, eu ia extraindo os fios de que carecia para tecer o meu tapete ilusório. E dirigia vidas e destinos, dava à realidade banal um colorido faustoso, sentia-me o senhor absoluto de um império íntimo, até que o sono vinha e, com a sua borracha invisível, apagava os borrões canhestros e ambiciosos da criação, e me fazia de novo participante de outro mundo caprichoso e ilógico. Foi assim toda a minha meninice, tem sido assim toda a minha vida: uma luta perpétua entre a terra da realidade e o mar do sonho, um litígio incessante entre

razão e imaginação. E ambos esses elementos avançam um contra o outro, conquistando praias provisórias.

Esse caleidoscópio de personagens que foi Lêdo Ivo — ou Teseu do Carmo, seu *alter ego* — fez existir em sua obra uma gama de gêneros e de estilos literários que deixaram para trás o poeta da geração de 45, ainda que a tenha, de certa forma, fundado. A exuberância de seus recursos poéticos derrubou os confinamentos das regras estilísticas.

No âmago de sua poesia, outro litígio incessante o acompanharia: o diálogo da vida pulsante na celebração dos sentidos, na intensa fruição da beleza do mundo, que desnudava, com os finos movimentos de sua poesia e a presença da morte, seu lado sombrio.

Senhoras e senhores acadêmicos, minhas senhoras e meus senhores, tenho pela poesia a reverência devida ao sagrado.

Tenho a consciência humilde do que me falta para melhor restituir o poeta e Acadêmico Lêdo Ivo nesta noite em que, pela graça encantatória da lembrança, sentimos a sua presença.

Vem em meu socorro a sensibilidade do poeta e Acadêmico Ivan Junqueira que, companheiro de ofício, melhor do que ninguém transitou pelo universo polifônico que é a sua obra. No brilhante ensaio introdutório às obras completas de Lêdo, Ivan nos diz:

> Há em sua poesia o testemunho literário de mais de meio século de experiência e de constante renovação estética

e estilística. Há ainda a fidelidade de quem, à margem das gerações e dos movimentos literários, permaneceu idêntico a si próprio, pois a maneira de ser do poeta que escreveu *Ode e Elegia* é a mesma de quem, sessenta anos depois, nos perturba com os poemas inéditos de *Plenilúnio*.

E Ivan conclui: "Não se pode entender a opulência e a diversidade da poesia de Lêdo Ivo se não levarmos em conta o homem vário, complexo e inquieto que se move sem cessar por detrás de cada um de seus versos."

Ivan Junqueira bem pressentiu esse homem vário que, insaciável, se aventurou em todos os gêneros, o romance, com *Ninho de cobras*, o conto, a poesia, o ensaio e, até mesmo, a dramaturgia, com o poema "Calabar".

Inquieto, sim, esse incansável viajante que, com as raízes bem plantadas nas Alagoas, ganhou primeiro o Brasil e depois o mundo, onde sua obra encontrou o eco e o aplauso de inumeráveis traduções e prêmios literários.

Peregrino dos templos da arte, palmilhou a terra com a voracidade de quem não renuncia a nenhum horizonte, recolhendo em cada cultura um verso que irromperá mais tarde em seu texto, refazendo na cartografia de seu imaginário os caminhos que primeiro conhecera, deslumbrado, nas páginas dos livros amados, em Cervantes, em Tolstói, em Dostoiévski, seus mestres, suas devoções estéticas.

A cadeira 10 testemunha a vocação nacional dessa Academia. Fundada por um baiano, acolheu um sergipano, um paraense, um paulista, um alagoano e hoje acolhe uma carioca, todos ávidos de horizontes, habituados a pisar muitos chãos, movidos pela mesma ânsia que nos faz buscar em outras terras uma ampliação do nosso destino ao preço de riscos em que o que está em jogo é, por vezes, a nossa própria identidade.

Sinto-me feliz na companhia desses viajantes, por vezes exilados como foi Rui Barbosa, cidadãos de um Brasil único e cidadãos do mundo.

Nós que aceitamos o desafio de entender o mistério do outro que revela o nosso próprio mistério, que descobrimos em cada língua estrangeira uma janela para uma civilização que também nos pertence, em cada paisagem inédita um recanto desse grande jardim planetário que é, ao mesmo tempo, nosso abrigo e prisão.

Pertenço à grei dos que buscam uma indicação para se perder. Que aprenderam com Jorge Luis Borges que o labirinto não é o risco do impasse, antes a possibilidade de escolha entre os caminhos que se bifurcam.

Disso tenho certeza. Eu que me perdi e me encontrei nos labirintos da Medina de Fez, onde, na madrugada, os muezins entoam seu canto como um lamento, a noite se deixa sonhar de olhos abertos e o tempo abolido desafia o futuro.

Nas margens bíblicas do Nilo onde é tão fácil cruzar com a Virgem Maria que ainda hoje foge com seu menino nos braços.

Na luz divina do fim de tarde na cidade velha de Jerusalém onde se pode, enfim, chorar um choro infinito pelo indizível Holocausto.

Na selva da Guiné, onde cantei uma cantiga de ninar que todos sabiam de cor e, olhando para o céu, vi, na noite sem lua, um mar de diamantes.

Na Muralha da China, essa cicatriz na pele do mundo que o delírio da vontade imperial traçou como fronteira da civilização.

Nos canais adormecidos de Veneza, a Sereníssima, onde, nas brumas da madrugada, celebram-se as núpcias secretas do real e do sonho.

Nas neves eternas dos Alpes suíços, onde o calor da solidariedade derreteu o gelo com que a crueldade de uma ditadura envolvera meu coração.

E, sempre, sempre, de joelhos, ao som dos sinos de Vézelay, mesmo sem saber por quê.

Esses mundos que fiz meus, caminhos de nuvens, que guardam, cada um, um capítulo do meu destino espalhados em meus livros, foram vividos em voz alta, como cabe a uma cronista que colhe por onde anda fotos do invisível, mais tarde filtradas à luz de sua sensibilidade e memória, reveladas enfim, no papel, em sua literatura. Rubem Braga, o maior dos cronistas brasileiros, disse que quem escreve crônica está vivendo em voz alta.

Meus predecessores nessa cadeira — cada um com os seus instrumentos: poesia, ensaio, crônica, conto, romance —

cumpriram o mesmo destino que é o de todos os criadores, o de traduzir em texto ideias, convicções, emoções e pensamentos, vivências confessas ou inventadas, que são a matéria mesma de nossa criação.

Todos vimos pousar nessa Academia nossas biografias e nossas obras como um ínfimo caco de vidro nesse gigantesco vitral da criação em que a humanidade conta a sua busca de sentido, seu diálogo aflito com um interlocutor mudo, sua aspiração à transcendência.

Dele fazem parte os gestos ancestrais que, nas grutas de Altamira e Lascaux, para além da cópia de um bisão, imprimiam à passagem de um homem pela terra um sentido de mensagem enviada ao futuro, a um destinatário improvável, mas possível.

Dele participa todo o acervo da criação dos que escrevem, compõem, pintam, filmam, pensam a nossa origem e destino, desdobrados em múltiplos mistérios que se escondem nos corpos e nas almas, os inventores e arquitetos, todos nós, criadores de arte e pensamento, construtores de mundos, fazemos parte desse vitral, exposto ora às luzes da liberdade, ora ao ensombrecer da opressão. Esse vitral é o monumento testemunha de nossa inconfessa aspiração à superação da morte. À imortalidade.

Entre nós, os que com uma lucidez quase demente recusam até mesmo esse testemunho e anunciam o fim da arte e a morte de Deus, mesmo esses compõem esse vitral, colocando nele uma peça insólita, essa desesperada confissão de inutilidade.

O universo da criação abriga mundos diversos. Venho de um de seus recantos mais nobres onde nos exprimimos com palavras. Somos gente de letras, os que fomos trazidos a esse mundo encantado pelo impulso insopitável que nos levou desde a infância ao segredo da escrita e ao gozo da leitura.

Se hoje pratico esse ofício sou grata aos grandes escritores que me seduziram com o feitiço de suas histórias. O antropólogo Claude Lévi-Strauss disse ser o homem, por excelência, um inventor de mitos. Desde sempre, pois, digo eu, um contador de histórias.

É Mario Vargas Llosa, um desses feiticeiros, que em *A verdade das mentiras* melhor define a literatura como uma forma de utopia. Ela nasce de um desejo de intervenção em uma relação com o mundo sentida como inconclusa, diz ele, "sonho lúcido, fantasia encarnada, a ficção nos completa, a nós, seres mutilados a quem foi imposta a atroz dicotomia de ter uma vida só e os desejos e fantasias de desejar mil".

O mesmo diz Lêdo Ivo quando afirma que nossas obras findam por gerar as nossas vidas e escrever as nossas biografias. E que "a nossa aventura interior corrige a monotonia do mundo. E vivem duas vezes os que não dispensam a passagem dos cavaleiros da ilusão pelos palcos da vida".

Ambos têm razão. Escrita e leitura são apostas na possibilidade de um encontro, na imprevisibilidade e encantamento que dele podem advir, corrigindo no insatisfatório cotidiano seus limites e opacidades, dando visibilidade a outro mundo possível.

São mentiras verdadeiras, essas que nos consolam de nossas nostalgias e frustrações, nossos sonhos insubordinados e que encontram na ficção sua proibida encarnação.

Escrever é um desafio ao indevassável sentido da existência. É uma busca incansável de sentido, esse que nos escapa a cada dia e a cada geração, mas cujo desejo persistente e renovado de encontrá-lo remete à definição camusiana do mundo como absurdo, não em si mesmo, mas no nosso insopitável desejo de que ele não seja como é.

É da literatura que emergem esses personagens chamados equivocadamente de ficção, já que, como afirma um colega da Universidade de Genebra, o grande crítico George Steiner, mais do que personagens inventados são "presenças reais", que habitam o nosso imaginário com a força e a personalidade que lhes são próprias.

Para além do que nosso imaginário queira fazer deles, antes, fazem de nós seus inescapáveis interlocutores, criam devoções que se transmitem de geração em geração, como os grandes mitos literários que são, a exemplo de Édipo, Hamlet, Fausto ou Dom Quixote.

Creio que são essas presenças reais que ditam o nosso destino, convivem conosco e habitam o recôndito mais secreto de nosso eu, aquele que é mais insubmisso que o inconsciente, o território liberado de nosso imaginário.

São elas uma família secreta que, ao sabor de um encontro fortuito, elegemos para conviver conosco na intimidade de uma vida inteira. São as vozes que ouvimos, que nos consolam e em quem encontramos uma afinidade que as fazem tão humanas quanto nós mesmos, que nos ensinam a viver, nos transmitem valores e estimulam nossos amanhãs.

Outro professor ilustre da Universidade de Genebra, o crítico Jean Starobinski, pensa, com razão, que

> em certas circunstâncias mais vale esquecer-se de si e se deixar surpreender. Em troca, sentir-se-á, vindo da obra, um olhar que nos é dirigido, que não é um reflexo de nossa interrogação, mas o olhar de uma consciência radicalmente outra, que vem ao nosso encontro, nos interroga e nos força a responder. O livro nos interroga.

E, eu acrescentaria, de maneira ainda mais enfática, que o olhar dessas "presenças reais", que pousa sobre nós, é fundador.

Senhoras e senhores acadêmicos, para melhor apresentar-me ao nosso convívio, convoco alguns membros dessa família secreta à qual pertenço, as presenças reais cujo sangue invisível me corre nas veias.

Emília entrou em minha vida quando eu tinha nove anos. Instalou-se em meu imaginário com o autoritarismo absolutista que era o seu, uma boneca de pano, feia e vestida de trapos, que, em tempos de bonecas de porcelana, olhar vazio e cabeça oca, só tinha a seu favor o brilho da inteligência e a coragem da impertinência.

Com ela eu disse adeus às meninas exemplares. Emília ensinou às meninas da minha geração o sagrado direito à malcriação, à afirmação da vontade e à defesa de ideias próprias.

Emília abriu caminho para a entrada triunfal em minha adolescência de Simone de Beauvoir, fascinante personagem de si mesma, que, em *Memórias de uma moça bem-comportada*, escreveu: "A liberdade comanda, ela não obedece."

Simone trilhou os tortuosos e acidentados caminhos da liberdade e deixou como mapa cinco volumes de memórias onde se guarda um precioso olhar sobre o século XX e o ponto de vista da mulher que ousou escrever *O segundo sexo*, esse livro que partiu o século ao meio, convidando as mulheres de minha geração à inédita autoria do feminino.

Autoria que se impôs quando vimos dissolverem-se representações e imagens que ecoavam o eterno feminino e passamos a habitar um território liberado, saída secreta da clausura de uma linguagem e de um pensamento que nos pensava e descrevia *in absentia*.

No meu último dia como aluna do Instituto de Educação, escola pública em que tive o privilégio de me formar, enterrei sob uma árvore os meus bens mais preciosos, o tesouro de minha adolescência. Dentro da caixa, com quinquilharias várias, deixei um exemplar das *Memórias de uma moça bem-comportada*.

O encontro com *Antígona*, tragédia de Sófocles, abre a aventura dos meus vinte anos. O mito de Antígona atravessou o tempo, envolvendo gerações com sua força encantatória, como o eco de uma voz sempre reencontrada, servindo de metáfora a oposições irreconciliáveis.

Masculino e Feminino dialogam em contradita. Antígona fala com o corpo. Fora do tempo, transita soberana no mundo dos mortos, sua temporalidade é o eterno. Creonte diz a contingência do agora, seu tempo é a historia e fala com a Razão que o poder se atribui. Antígona e Creonte encenam a inegociável dissemelhança sexual feita de estranheza e encantamento.

No espelho de Antígona, os meus vinte anos descobriram um rosto arquetípico. Fugitiva do esquecimento, a frágil princesa tebana, que, afirmando lei própria, negou a autoridade do rei e do Homem — pele nua de um Feminino em carne viva —, voltou ao proscênio e acenou à minha geração, àquelas mulheres que, recusando o decreto de exclusão da vida da *polis*, pisaram, ainda que com passo incerto, os territórios proibidos do masculino.

O tempo fez seu trabalho de grande escultor. Nesses anos o feminino escapou do mármore do eterno, investiu um espaço de liberdade, abrigou uma desorganização profunda, forçando-se a reconhecer em um mesmo processo desintegração e gênese. Nem o outro nem o mesmo do masculino, tampouco o seu avesso, emerge onde encontra brechas, imprevisível.

É na produção literária que a emergência do feminino mais do que se anuncia, se enuncia, *sotto voce*, nem por isso inaudível. Virginia Woolf pedia a todas as escritoras que levassem uma flor ao túmulo de Jane Austen porque só ela, contra o cânon da época, ousara escrever como mulher.

Minha obra de ensaísta e cronista é um depoimento sobre uma geração de mulheres singular, a quem coube, no tempo de uma biografia, o privilégio e o risco de ser contemporânea da ruptura de um paradigma milenar.

Foi a esse tempo que aprendi com Clarice Lispector que a aproximação do que quer que seja se faz penosamente, atravessando inclusive o oposto do que se quer aproximar.

A travessia dos territórios do masculino me aproximou, paradoxalmente, dos territórios do feminino. Só então ouvi os passos de G.H. e aceitei o doloroso caminho da paixão, morte e ressurreição, que fizemos juntas. *A paixão segundo G.H.* A paixão segundo Clarice Lispector.

Em meu livro *Elogio da diferença*, cujo titulo insólito surpreendeu-me em plena luta pela igualdade entre homens e mulheres, a epígrafe deve-se a G.H. e resume minha acidentada trajetória: "Não, nem a pergunta eu soubera fazer. No entanto a resposta se impunha a mim desde que eu nascera. Fora por causa da resposta contínua que eu, em caminho inverso, fora obrigada a buscar a que pergunta ela correspondia."

O olhar de G.H. pousando em mim, sua travessia de si mesma espelhando minha errância, aceitei para o resto da vida a convivência com essa que é a mais acabada criação do gênio de Clarice Lispector.

*Humanitas, Felicitas, Libertas.* Essas belas palavras que o imperador Adriano inscreveu nas moedas de seu reino, bem sabendo que não as tinha inventado, foi Marguerite Yourcenar que gravou na minha vida como uma divisa que não inventei, mas tentei honrar.

*Humanitas.* Acredito na Humanidade como um projeto viável. Fomos nós que nos rebelamos contra a ordem natural, recusamos as leis predatórias que não conhecem a compaixão diante do sofrimento, chamamos de crueldade a destruição do mais fraco que a natureza aceita como seleção natural. É esse desvio da lei natural que, assim como a arte, nos arranca da condição animal e dá nobreza à aventura humana.

Há razões de esperança. Há quem veja na esperança resquícios de utopia. Sucessivos fracassos transformaram uma palavra que queria dizer uma sociedade ideal numa geografia imaginária, sinônimo de impossível. O adjetivo utópico perdeu sua conotação de inédito, portador de esperança, e ganhou a de irrealizável, quiçá indesejável.

Fico com Oscar Wilde que dizia: um mapa-múndi que não inclua a utopia não merece um olhar sequer porque deixa de fora um país em que a humanidade está sempre aportando. Uma vez no porto, olha em volta, vê um país melhor e enfuna as velas.

*Felicitas.* Acredito na busca da felicidade como um dever. São os momentos felizes que enfeitam o mundo e iluminam a vida. São esses momentos luminosos que dão a ver e gravam na memória a vida que poderia ser e que ainda não é. A aspiração à felicidade é para mim, assim como a compaixão, um dos mais belos atributos humanos, talvez o mais incompreensível, já que é luta permanente contra o efêmero.

*Libertas.* É Cecília Meireles quem toma a palavra:

"Liberdade, essa palavra
que o sonho humano alimenta
que não há ninguém que explique
e ninguém que não entenda."

Cecília Meireles, a pastora de nuvens. O nome mais ilustre com que encerro a apresentação de minha família secreta para apresentar-lhes, agora, senhoras e senhores acadêmicos, minha família de carne e sangue, aqui presente essa noite.

Na pessoa de meu irmão, José Carlos Ribeiro Filho, reverencio meus mortos, meus pais, José Carlos Ribeiro e Marina Reis Vianna Ribeiro, e minha irmã querida, Mariska.

Em Mário Salles Netto, meu primo e amigo, reverencio a memória de meus tios e avós, que alegraram minha vida de menina.

Em Carmem Andrea Vianna Santos, minha afilhada, minha filha, reverencio meus vivos, as quatro gerações de uma família numerosa e unida que ainda hoje pisam comigo o mesmo chão de terra que pisaram meus pais e avós, e que aquecem minha casa e os meus Natais.

Em Miguel Darcy de Oliveira, meu jovem namorado, o companheiro de todas as aventuras, nos caminhos e abismos, a cada passo presença ao meu lado, com quem teci com fio espesso toda uma vida. Nele e com ele celebro o esplendor que é a própria Vida.

Senhoras e senhores acadêmicos, minhas senhoras e meus senhores, muito obrigada.

Impressão e Acabamento:
BARTIRA GRÁFICA